영어회화 이지 패턴 300

손소예 지음

정진출판사

어려운 영어, 어떻게 하면 조금이라도 쉽게 접근할 수 있을까? 영어가 익숙하지 않은 초보자들에게 언제나 고민되는 부분이겠지요. 물론 영어에는 왕도가 없다는 기본 원칙은 변하지 않습니다. 장기적으로 보았을 때 꾸준한 시간 투자로 영어 고수에 이르는 두꺼운 철문을 하나씩 하나씩 열어가는 것이 유일한 방법이라고 할 수 있지요.

그러나 효율적인 접근법은 분명 존재합니다. 초보자들, 특히 학창시절에 배운 영어마저도 모두 잊어버리고 다시 컴백을 하는 분들이 어휘나 문법부터 달달 외운다면 이는 분명 비효율적입니다. 입을 틔우기 위해서는 일단 영어적 환경에 많이 노출되는 것이 중요합니다. 노출이란 바로 많이 듣는 것이지요. 오디오로 듣건 미국 본토에 가서 사람들과 직접 부딪치건 수십 수백 번을 듣고 익숙해져야 비로소 나의 영어가 되어 거침없이 입 밖으로 내뱉을 수 있습니다.

특히 영어에 익숙하지 않은 초보 단계에서는 우리나라 말과는 너무나 다른 영어의 구조를 체득하는 것이 중요합니다. 많은 분들에게 '구문'이라는 이름으로 익숙한 영어의 패턴을 익히는 것이지요. 물론 언어는 광범위해서 몇 권이라도 모두 담기 어려울 만큼 너무나 많은 패턴이 있을 것입니다. 그래서 그 중 가장 빈번히 사용되는 주요 패턴 몇 가지를 선별하여 수십 번 듣고 수십 번 말하면서 입과 혀를 적응시키는 것입니다. 어쩌면 촌스럽거나 원론적이지 않은 방법으로 치부될 수도 있지만 한국이라는 로컬 환경에서 영어를 자주 사용하지 않는 사람들에게 영어 패턴 학습은 시험 족보와 같은 역할을 톡톡히 해 줄 것입니다.

이 책은 앞서 출간한 『영어회화는 패턴이다』라는 책을 지하철이나 이동할 때에 편리하게 학습할 수 있도록 정리하여 만든 포켓용입니다.

이 책이 학생들이나 회사원을 비롯한 많은 기초영어 학습자들의 자신감을 북돋아줄 booster가 되기를 바라며, 모두 함께 "GO FOR IT!(파이팅)" 크게 외치고 시작합시다!

저자 손소예(Angie Sohn)

목 차

Chapter 01 조동사 패턴 ---17

Pattern

001	I can + 동사원형	~할 수 있다
002	I just can't + 동사원형	그냥 ~할 수 없다
003	Can you + 동사원형 ~?	~할 수 있어요?
004	Could you + 동사원형 ~?	~하실 수 있어요?
005	I have to + 동사원형	~해야 한다
006	You don't have to + 동사원형	~할 필요 없다
007	I had to + 동사원형	~해야 했다
008	Do I have to + 동사원형 ~?	~해야 해요?
009	I will + 동사원형	~하겠다
010	Would you please + 동사원형 ~?	~ 좀 해 주시겠어요?
011	I won't + 동사원형	~하지 않겠다
012	I'll never + 동사원형	절대 ~ 안 할 거다
013	I should + 동사원형	~해야겠다
014	I should have + p.p.	~했어야 했는데
015	I think you should + 동사원형	~하셔야 할 것 같아요
016	I think you'd better + 동사원형	~하시는 게 좋을 것 같아요
017	You may + 동사원형	~해도 된다
018	May I + 동사원형 ~?	~해도 될까요?
019	It must be + 명사/대명사	틀림없이 ~이다
020	It might be + 형용사/to + 동사	~일 것 같다
021	I used to + 동사원형	예전에 ~였다
022	I got used to + 명사/-ing	~에 익숙해졌다
023	Don't + 동사원형	~하지 말아요
024	Don't be + 형용사	~하지 말아요

Contents

Chapter 02 Be동사 패턴 -------------------------- 43

Pattern

025	This is + 명사	이분[이것]은 ~이다
026	That's + 형용사	그거 ~한데!
027	It's not + 명사/형용사	그건 ~가 아니다
028	It's not A but B	A가 아니라 B다
029	Is it true + 주어 + 동사 ~?	~하다는 게 정말이에요?
030	The truth is, + 주어 + 동사	사실은 ~이다
031	There is/are + 명사 (+ 부사구)	~가 있다
032	Here is/are + 명사	여기 ~ 있다
033	Is/Are there + 명사 (+ 부사구) ~?	~가 있나요?
034	Will there be + 명사 ~?	~가 있을까요?
035	There's nothing + 수식어구	~가 전혀 없다
036	There's no need to + 동사원형	~할 필요 없다
037	There's no way to + 동사원형	~할 방법이 없다
038	Is there any way to + 동사원형 ~?	~할 방법이 없나요?
039	I'm + -ing	~하는 중이다
040	Are you + -ing ~?	~하고 있어요?
041	I'm going to + 동사원형	~할 것이다
042	I'm not gonna + 동사원형	~하지 않을 것이다
043	Are you going to + 동사원형 ~?	~할 거예요?
044	I was going to + 동사원형	~하려고 했다
045	I'm really + 형용사	난 정말 ~하다
046	I'm kind of + 형용사	난 좀 ~하다
047	I'm so glad to + 동사원형/주어 + 동사	~해서 정말 기쁘다
048	I'd be happy to + 동사원형	~한다면 좋겠다
049	I'm afraid of + 명사/-ing	~를 무서워하다
050	I'm afraid + 주어 + 동사	아무래도 ~할 것 같다

5

Contents

051	I'm good at + 명사/-ing	~을 잘 하다
052	I'm familiar with + 명사/-ing	~를 잘 알다
053	I'm mad at + 명사	~에 화가 나다
054	I'm nervous about + 명사/-ing	~ 때문에 초조하다
055	I'm tired of + 명사/-ing	~에 질리다
056	I'm bored with + 명사/-ing	~가 지루하다
057	I'm proud of + 명사/-ing	~가 자랑스럽다
058	I'm ashamed of + 명사/-ing	~가 부끄럽다
059	Are you ready to + 동사원형 ~?	~할 준비가 됐어요?
060	I'm about to + 동사원형	~하려던 참이다
061	I'm sure + 주어 + 동사	~하는 것이 틀림없다
062	주어 + be sure to + 동사원형	~가 틀림없이 …할 것이다
063	Are you sure + 주어 + 동사 ~?	정말 ~인가요?
064	Be sure to + 동사원형	꼭 ~하세요
065	You're so + 형용사	당신은 정말 ~하다
066	You're such a + 형용사 + 명사	당신은 정말 ~한 사람이다
067	주어 + be full of + 명사	~로 가득 차다
068	주어 + be filled with + 명사	~로 가득 차다
069	주어 + be on one's way + to 장소/부사	~에 가는 길이다
070	주어 + on your way + to 장소/부사	~로 가는 길에

Chapter 03 일반동사 패턴(현재시제) ---------- 91

Pattern

071	Let's + 동사원형	~하자
072	Let's not + 동사원형	~하지 말자
073	Let me + 동사원형	내가 ~하겠다
074	Let me know + 의문사 + 주어 + 동사	~할 건지 알려 주세요
075	I like your + 명사	너의 ~가 맘에 든다

Contents

076	How do you like my+명사?	~가 어때요?
077	I like+-ing	~하는 것을 좋아하다
078	I like the way+주어+동사	누가 ~하는 방식이 좋다
079	I'd like to+동사원형	~하고 싶다
080	Would you like to+동사원형~?	~하시겠어요?
081	I want to+동사원형	~하고 싶다
082	I just wanted to+동사원형	그냥 ~하고 싶었다
083	Do you want to+동사원형~?	~하고 싶어요?
084	I want you to+동사원형	당신이 ~해 주면 좋겠다
085	I know+주어+동사	~을 알고 있다
086	I don't know+관계사+to+동사원형	~할지 모르겠다
087	You know+주어+동사	~라는 거 당신도 알잖아요
088	God knows+wh-절	~는 아무도 모른다
089	I think+주어+동사	~인 것 같다
090	Do you think+주어+동사~?	~라고 생각해요?
091	I'm thinking of+-ing	~하는 것을 생각 중이다
092	What do you think of+명사?	~에 대해 어떻게 생각해요?
093	I need to+동사원형	~할 필요가 있다
094	You don't need to+동사원형	너는 ~할 필요 없다
095	I mean+주어+동사	내 말은 ~
096	What I mean is+주어+동사	내 말 뜻은 ~
097	I feel+형용사	~한 것 같다
098	주어+make me feel+형용사	~때문에 …한 느낌이 든다
099	I feel like+명사/-ing	~할 것 같다
100	I feel like I+동사	~하는 것 같은 느낌이다
101	You look+형용사	~해 보인다
102	Take a look at+명사	~을 보세요
103	I'm looking for+명사	~을 찾다

7

Contents

104	I'm looking forward to + 명사/-ing		~을 기대하다
105	You seem to + 동사원형		당신은 ~하는 것 같아 보인다
106	There seems to be + 명사		~가 있는 것 같다
107	Thank you for + 명사/-ing		~해서 고맙다
108	I appreciate + 명사		~에 감사하다
109	Sorry for + 명사/-ing		~해서 미안하다
110	I apologize for + 명사/-ing		~을 사과드립니다
111	Sorry to + 동사원형		~해서 미안하다
112	I'm sorry, but + 주어 + 동사		미안하지만 ~
113	I wonder why + 주어 + 동사		왜 ~인지 궁금하다
114	I wonder if + 주어 + 동사		~인지 궁금하다
115	I guess + 주어 + 동사		~인 것 같다
116	Guess what + 주어 + 동사		~인지 맞혀 봐요
117	I remember + 주어 + 동사		~한 것을 기억하다
118	I remember to + 동사원형		~할 것을 기억하다
119	I have something to + 동사원형		~할 게 있다
120	I have nothing to + 동사원형		~가 하나도 없다
121	I can't stop + -ing		~하는 것을 멈출 수 없다
122	I can't stand + 명사/-ing		~을 참을 수 없다
123	I can't wait to + 동사원형		빨리 ~하고 싶다
124	Wait for + 명사 + to + 동사원형		~가 …할 때까지 기다리세요
125	I can't believe + 주어 + 동사		~하다니 믿을 수가 없다
126	You wouldn't believe what + (주어) + 동사		~을 못 믿을 것이다
127	I can't help + -ing		~하지 않을 수 없다
128	I can't help but + 동사원형		~하지 않을 수 없다
129	Keep + -ing		~을 계속하다
130	Keep + 명사 + 형용사		~하도록 유지시키다
131	I prefer + 명사/-ing/to 동사원형		~를 선호하다

132	I prefer A to B	B보다 A가 더 좋다
133	I don't care about + 명사	나는 ~에 대해 상관 안 한다
134	I don't care what + 주어 + 동사	나는 ~를 신경 안 쓴다

Chapter 04 일반동사 패턴(다양한 시제) ---------- 157

Pattern

135	주어 + went to + 장소	~에 갔다
136	주어 + went + 형용사	~해졌다
137	주어 + went to + 동사원형	~하러 갔다
138	주어 + went + -ing	~하러 갔다
139	Get + 명사 + 전치사구	~를 가지고[데리고] 가세요
140	I got + 명사 + p.p.	~을 …되게 했다
141	주어 + 've/'s got + 형용사	~하게 되었다
142	주어 + 've/'s got + p.p.	~되었다
143	I'll take + 명사	~을 취하겠다
144	I'll take A (to) B	A를 B로 갖고[데리고] 가겠다
145	I'll take care of + 명사	~를 돌보겠다
146	I took part in + 명사	~에 참석했다
147	You made me + 형용사	~를 …하게 했다
148	I made + 명사 + 동사원형	~가 …하게 만들었다
149	I made + 사람 + 사물	~에게 …을 해 주었다
150	What made you + 동사원형 ~?	왜 ~했어요?
151	I tried to + 동사원형	~하도록 노력했다
152	I tried not to + 동사원형	~하지 않으려고 애썼다
153	I didn't mean to + 동사	~하려는 게 아니었다
154	What do you mean by + 명사/문장?	~가 무슨 말인가요?
155	I forgot to + 동사	~하는 것을 잊어버렸다
156	Don't forget to + 동사원형	잊지 말고 ~하세요

Contents

157	I found out + 주어 + 동사	~라는 것을 알아 냈다
158	I found it difficult to + 동사원형	~하는 것이 어렵다는 것을 알았다
159	I decided to + 동사원형	~하기로 결심했다
160	I made up my mind to + 동사원형	~하기로 결심했다
161	I didn't expect to + 동사원형	~할 줄 몰랐다
162	When can I expect + 명사?	언제 ~할 건가요?
163	I saw + 명사 + 동사원형/-ing	~가 …하는 것을 보았다
164	I see + wh- + 주어 + 동사	~하는 것인지 알겠다
165	He said + 주어 + 동사	~라고 말했다
166	He told me to + 동사원형	나에게 ~하라고 말했다

Chapter 05 수동태 패턴 ----- 191

Pattern

167	I'm surprised at + 명사	~에 깜짝 놀라다
168	I was shocked at + 명사	~에 충격을 받았다
169	I'm interested in + 명사/-ing	~에 관심이 있다
170	I'm excited to + 동사원형	~해서 흥분하다
171	I'm worried about + 명사/-ing	~가 걱정이다
172	I'm concerned about + 명사	~ 때문에 걱정이다
173	I'm satisfied with + 명사	~에 만족하다
174	I'm disappointed at + 명사	~에 실망하다
175	You're not allowed to + 동사원형	~가 금지되어 있다
176	It's prohibited to + 동사원형	~가 금지되어 있다
177	I'm supposed to + 동사원형	~하기로 되어 있다
178	주어 + was/were supposed to + 동사원형	~하기로 했었다
179	주어 + be known as + 명사	~라는 것으로 알려지다
180	주어 + be well-known for + 명사	~로 유명하다
181	주어 + be made of + 명사	~로 만들어지다

182	주어+be made from+명사	~로 만들어지다
183	주어+be related to+명사	~와 관련 있다
184	주어+be connected to+명사	~와 관련되다
185	I was told+주어+동사	~라고 들었다
186	I was asked to+동사원형	~하도록 요청받다

Chapter 06 의문사 패턴 ---------------------------- 213

Pattern

187	What do you+동사원형~?	무엇을?
188	What happened to+명사?	무슨 일이 일어났어요?
189	What kind of+명사+do you+동사?	어떤 종류?
190	What made you+동사원형~?	무엇 때문에?
191	What time do/does+주어+동사~?	몇 시에?
192	What if+주어+동사~?	만약 ~하다면?
193	What a+(형용사)+명사	정말 ~이군요!
194	How+형용사	정말 ~한데요!
195	Do you know what+주어+동사?	~가 무얼 …하는지 알아요?
196	What's+명사+like?	~는 어때요?
197	That's what+주어+동사	그게 바로 ~이다
198	That's not what+주어+동사	그건 ~한 게 아니다
199	How do you+동사원형~?	어떻게?
200	How often do you+동사원형~?	얼마나 자주~?
201	How many+명사+are there+부사구?	몇 명[개]~?
202	How many times+조동사+주어+동사~?	얼마나 자주~?
203	How much+조동사+주어+동사~?	얼마나 많이~?
204	How long+조동사+주어+동사~?	얼마나 오래~?
205	How about+명사/-ing~?	~ 어때요?
206	Why don't you+동사원형~?	~ 안 할래요?

Contents

207	I don't know how to + 동사원형		어떻게 ~해야 할지 모르겠다
208	Tell me how I can + 동사원형		어떻게 ~할 수 있는지 알려 주세요
209	Who is + 명사?		~는 누구예요?
210	주어 + be동사 + the one who + 동사		~한 사람은 …이다
211	Which + 명사 + is ~?		어떤 거예요?
212	I like + 명사 + which + 동사		~한 …가 좋다
213	When did + 주어 + 동사원형 ~?		언제?
214	I + 동사 + when I was		내가 ~일 때 …했다
215	Where is + 명사?		~가 어디 있어요?
216	That's where + 주어 + 동사		바로 거기가 ~이다
217	Why did you + 동사 ~?		왜 ~했어요?
218	That's why + 주어 + 동사		그게 ~하는 이유이다
219	Tell me why + 주어 + 동사		왜 ~했는지 말해요
220	Why not + 동사 ~?		~하는 게 어때요?

Chapter 07　it/that/to부정사/각종 접속사 패턴 -------- 249

Pattern

221	It's + 시간/날짜/요일		시간/날짜/요일
222	It's time to + 동사원형		~할 시간이다
223	It takes + 시간 + to + 동사원형		~하는 데 얼마 걸린다
224	How long does it take to + 동사원형 ~?		~하는 데 시간이 얼마나 걸려요?
225	It looks like + 명사/-ing		(날씨가) ~할 것 같다
226	Looks like + 주어 + 동사		~인 것 같다
227	It seems like + 명사		~인 것처럼 느껴진다
228	It doesn't seem + 주어 + 동사		~한 것 같지 않다
229	It's nice to + 동사원형		~하니 좋다
230	It's impossible to + 동사원형		~하는 것은 불가능하다
231	It's easy to + 동사원형		~하는 것은 쉽다

Contents

232	It's not easy+(for 사람)+to+동사원형	~하는 것은 쉽지 않다
233	It's difficult to+동사원형	~하는 것은 어렵다
234	I found it difficult to+동사원형	~하기가 어렵다는 것을 알다
235	It depends on+명사	~에 달려 있다
236	It depends on what+주어+동사	~이 무엇인가에 따라 다르다
237	It was+명사+that+주어+동사	~한 것은 바로 …였다
238	It was+부사(구)+that+주어+동사	~한 것은 바로 언제[어디서]이다
239	It's too+형용사+to+동사원형	~하기에 너무 …하다
240	It's so+형용사+that I can't+동사원형	너무 ~해서 … 못하다
241	I did it so (that)+주어+동사	~하기 위하여
242	I was so+형용사+that+주어+동사	너무 ~해서 …했다
243	I did it to+동사원형	~하기 위하여
244	주어+동사+in order to+동사원형	~하기 위하여
245	That's all I+동사	내가 ~하는 건 그게 다예요
246	All I want is+명사	내가 원하는 건 ~뿐이다
247	All you have to do is+동사원형	당신은 ~만 하면 된다
248	All I know is that+주어+동사	~밖에는 모른다
249	I'll+동사+if+주어+동사	~하면 …하겠다
250	Do you mind if I+동사~?	~해도 괜찮겠어요?
251	If I were you, I would+동사원형	내가 당신이라면 ~했을 것이다
252	~, if possible	가능하면
253	If only I could+동사	~할 수만 있다면
254	Ask+사람+if+주어+동사	~하는지 물어 보세요
255	주어+동사+because of+명사	~ 때문에
256	Because+주어+동사	~하니까
257	동사+as+부사+as possible	가능한 ~하게
258	주어+동사+as+형용사/부사+as+명사	~처럼 …하게
259	주어+동사+as long as+주어+동사	~하는 한

13

Contents

260 주어+동사+as if+주어+동사 　　　　　　　마치 ~인 것처럼

Chapter 08 알아 두면 플러스가 되는 기타 패턴 ------ 291

Pattern

261	In fact, +주어+동사	사실은
262	As a matter of fact, +주어+동사	사실은
263	First of all, +주어+동사	우선
264	Most of all, +주어+동사	무엇보다도
265	주어+동사+something+형용사	뭔가 ~한 것
266	Any+명사+will do	어떤 ~라도 된다
267	주어+be동사+형용사+enough	충분히 ~한
268	There is not enough+명사+to+동사원형	~할 충분한 …가 없다
269	It's rather+형용사	좀 ~하다
270	I'd rather+동사원형+(than+동사원형)	차라리 ~하겠다
271	주어+동사+-er than+명사	~보다 더 …하다
272	주어+동사+much more+형용사	훨씬 더 ~하다
273	주어+동사+the+-est+명사+(부사구)	가장 ~하다
274	It's one of the most+형용사+복수명사	가장 ~한 것들 중 하나
275	주어+동사+more than+명사	~보다 많이
276	The+비교급, +the better	~할수록 더 좋다
277	주어+not+동사+any more	더 이상 ~ 않는다
278	주어+동사+no more than+명사	~에 지나지 않는
279	주어+not+동사+at all	전혀 ~ 않는다
280	주어+동사+not only A but also B	A뿐만 아니라 B도
281	I can't wait to+동사원형	~하고 싶어 견딜 수 없다
282	I can't help+-ing	~할 수밖에 없다
283	I'd love to, but I+동사	~하고 싶지만
284	I'd say that+주어+동사	아마 ~일 것이다

Contents

285	Let's say + 주어 + 동사	~라고 치자
286	Suppose that + 주어 + 동사	~라고 가정해 보자
287	The problem is + 주어 + 동사	문제는 ~이다
288	Don't tell me + 주어 + 동사	설마 ~인 건 아니겠지
289	주어 + 동사 + ~, too	~도 역시
290	I don't + 동사원형 + ~, either	~도 역시 … 안 하다
291	주어 + 동사 + both of + 명사	양쪽 다
292	주어 + 동사 + neither A nor B	A도 B도 아닌
293	주어 + was/were just about to + 동사원형	막 ~하려던 참이었다
294	주어 + will be able to + 동사원형	~할 수 있게 될 것이다
295	주어 + have/has + p.p.	~했다
296	have you ever + p.p. ~?	~해 봤어요?
297	I've never + p.p.	한 번도 ~한 적 없다
298	It's been + 시간 + since + 주어 + 동사	~ 이후 시간이 … 지났다
299	I will be + -ing	~하고 있겠지요
300	Will you be + -ing ~?	~하실 건가요?

01

Chapter

조동사 패턴

■ can, will, do, may, could, would, should, might, have to 등을 '조동사'라고 부릅니다.
조동사는 말 그대로 동사를 돕는 역할을 맡고 있는데, 몇 가지 중요한 조동사만 자유롭게 구사할 수 있어도 정확하고 세련된 영어를 표현하는 데는 무리가 없을 것입니다.
지금부터 조동사 패턴을 공부하게 되는데, 가장 흔히 쓰이는 중요한 패턴 몇 가지만이라도 달달 외워 봅시다.

~할 수 있다

I can + 동사원형

Basic Expression

I can do it! 할 수 있어요!

can은 '~을 할 수 있다'는 가능성을 표현하는 조동사로서 주어와 동사 사이에 삽입해서 사용하는데, 주의할 것은 조동사와 동사를 함께 쓸 때는 동사를 원형으로 쓴다는 것이다.

Useful Expressions

❶ I can swim.
   나는 수영을 할 수 있어요.

❷ I can speak English.
   나는 영어를 말할 수 있어요.

❸ I can play the guitar.
   나는 기타를 칠 수 있어요.

❹ I can make Italian food.
   나는 이탈리아 음식을 만들 수 있어요.

Dialogue & Practice

A : We don't have much time to do this.
B : Don't worry. I can do it.

  A : 이 일을 할 시간이 많지 않네요.
  B : 걱정 말아요. 나는 할 수 있어요.

A : I've got too much work to do.
B : _____. (help)

  A : 할 일이 너무 많아요.
  B : 내가 도와줄 수 있어요.

답: I can help you

그냥 ~할 수 없다

Pattern 002 — I just can't + 동사원형

Basic Expression

I just can't tell you. 그냥 당신한테 말할 수가 없어요.

'~을 할 수 없다'라고 할 때는 부정어 not을 붙여서 I cannot, 줄여서 I can't라고 말한다. just는 '그냥'이라는 보조적인 의미로, '그냥 못 하니까 더 이상 말하지 말자'라는 의미를 내포하고 있다.

Useful Expressions

1. **I just can't** look at him.
   그냥 그 사람을 쳐다볼 수 없어요.

2. **I just can't** do it now.
   그냥 그걸 지금 할 수는 없어요.

3. **I just can't** marry him.
   그냥 그 사람과는 결혼할 수 없어요.

4. **I just can't** eat that.
   그냥 저건 못 먹어요.

Dialogue & Practice

A : Tell me what happened.
B : Sorry, I just can't tell you.

  A : 무슨 일이 있었는지 말해 주세요.
  B : 미안하지만, 당신한테는 그냥 말할 수 없어요.

A : Let's go to the party.
B : Sorry, _____. (go)

  A : 파티에 가요.
  B : 미안하지만 난 못 가요.

I just can't go

~할 수 있어요?

Can you + 동사원형 ~ ?

Basic Expression

Can you speak Korean?
한국어 말할 수 있어요?

조동사 can을 사용한 의문문 패턴이다. 상대방에게 '~할 수 있는가?' 라고 물을 때 Can you ~?라고 말하면 되는데, 무엇인가를 부탁하는 상황에서도 자주 쓰인다.

Useful Expressions

❶ **Can you** drive?
운전할 수 있어요?

❷ **Can you** call me?
나한테 전화할 수 있으세요?

❸ **Can you** wait for me?
저 좀 기다려 줄 수 있어요?

❹ **Can you** do me a favor?
부탁 좀 들어주실 수 있어요?

Dialogue & Practice

A : Can you drive?
B : No, I can't. I'm afraid of driving.

A : 운전할 줄 아세요?
B : 아뇨, 못 해요. 운전하는 게 무서워요.

A : _____? (come / right now)
B : I'll try.

A : 지금 바로 집으로 올 수 있어요?
B : 그래 볼게요.

Can you come home right now

~하실 수 있어요?

Could you + 동사원형 ~ ?

Basic Expression

Could you open the window?
창문 좀 열어 주실 수 있어요?

상대방에게 좀더 예의바르게 표현할 때는 can의 과거형인 could를 써서 Could you ~?라고 말할 수 있다. 우리나라 말로는 '~해 줄래요?'와 '~해 주실 수 있을까요?'와 같은 뉘앙스의 차이이다.

Useful Expressions

❶ **Could you** hold this for me?
이것 좀 들어 주실 수 있어요?

❷ **Could you** come earlier?
조금 더 일찍 오실 수 있어요?

❸ **Could you** show me the way?
길 좀 알려 주시겠어요?

❹ **Could you** describe it?
그걸 말로 설명해 주실 수 있어요?

Dialogue & Practice

A : Could you open the window?
B : Of course.

A : 창문 좀 열어 주시겠어요?　　B : 물론이죠.

A : _____? (say / again)
B : Sure. I told you to show me the green sweater.

A : 다시 한번 말씀해 주시겠어요?
B : 물론이죠. 초록색 스웨터를 보여 달라고 말씀드렸어요.

Could you say that again

~해야 한다

I have to + 동사원형

Basic Expression

I have to go. 가야 해요.

'~해야 한다' 라는 뜻으로 should, must, have to, gotta, need to 등 경우에 따라 다양한 조동사들을 사용할 수 있다. 보통 should를 많이 쓰는 것으로 알고 있지만 have to가 가장 일반적이면서도 회화적으로도 자주 쓰이는 표현이다.

Useful Expressions

❶ **I have to** study English.
영어 공부를 해야 해요.

❷ **I have to** lose some weight.
몸무게 좀 줄여야 해요.

❸ **I have to** go see the doctor.
병원에 가야 해요.

❹ **I have to** do the dishes.
설거지해야 돼요.

Dialogue & Practice

A : Can you play with me?
B : No, I have to study English.

  A : 나랑 놀 수 있어요?
  B : 안 돼요. 영어 공부를 해야 돼요.

A : Are you free tonight?
B : _____ . (gym)

  A : 오늘 밤에 시간 있으세요?
  B : 아니요, 헬스클럽에 가야 해요.

No, I have to go to the gym

~할 필요 없다

Pattern 006 You don't have to + 동사원형

Basic Expression

You don't have to wait. 기다리지 않으셔도 돼요.

have to는 '~을 해야 한다'라는 뜻인데, 이 패턴의 부정형인 don't have to는 '~하지 말아야 한다'는 뜻이 아니라 '~할 필요 없다'는 뜻으로 don't need to와 같은 뜻이다. '~할 필요 없어요', '굳이 ~ 안 하셔도 돼요'와 같은 말을 해야 할 상황에 자주 사용된다.

Useful Expressions

❶ **You don't have to** hurry.
서두르실 필요 없어요.

❷ **You don't have to** wake up early.
일찍 일어나실 필요 없어요.

❸ **You don't have to** reach him.
그에게 연락하실 필요 없어요.

❹ **You don't have to** win the game.
게임에서 이기실 필요 없어요.

Dialogue & Practice

A : Oh, I have to do it quick.
B : **You don't have to** hurry.

A : 아유, 빨리 해야 되는데. B : 서두르실 필요 없어요.

A : Do I have to stay here for long?
B : _____. (be)

A : 여기서 오래 있어야 하나요?
B : 아니요, 여기 계실 필요 없어요.

No, you don't have to be here

~해야 했다

I had to + 동사원형

Basic Expression

I had to buy this. 이걸 사야 했어요.

have to는 '~해야 한다'라는 뜻이고, '~해야 했다'라고 할 때는 과거형 had to로 바꾸어 쓴다. 그래서 '나는 ~해야 했어요.'라는 뜻으로 I had to를 쓰면 된다. 이렇게 시제를 바꾸어 쓸 때는 본동사는 기본형을 그대로 쓰고 조동사의 형태를 바꾸어 쓴다는 것을 알아 두자.

Useful Expressions

❶ I had to meet her.
그녀를 만나야 했어요.

❷ I had to fix my computer.
컴퓨터를 고쳐야 했어요.

❸ I had to wear a suit.
정장을 입어야 했어요.

❹ I had to draw a picture.
그림을 그려야 했어요.

Dialogue & Practice

A : Why did you call her?
B : I had to meet her.

A : 왜 그녀에게 전화했어요?
B : 그녀를 만나야 했어요.

A : Did you go to see Maggie yesterday?
B : _____. (stay)

A : 어제 매기 보러 갔어요?
B : 아니요, 저는 집에 있어야 했어요.

No, I had to stay home

~해야 해요?

Do I have to + 동사원형 ~ ?

Basic Expression

Do I have to run? 달려야 돼요?

'~해야 하나요?'라는 의문문에 have to를 사용할 때는 조동사 do를 문두에 두고 'do+주어+have to+동사'의 어순을 따른다. Should I ~?, Have I gotta ~?도 같은 뜻으로 쓰일 수 있는 패턴이다.

Useful Expressions

❶ **Do I have to** rush?
서둘러야 해요?

❷ **Do I have to** dance?
춤춰야 해요?

❸ **Do I have to** say that?
그걸 말해야 해요?

❹ **Do I have to** get this done by tomorrow?
이거 내일까지 마쳐야 해요?

Dialogue & Practice

A : Do I have to get this done by tomorrow?
B : Of course you do.

A : 이걸 내일까지 마쳐야 하나요?
B : 물론이지.

A : _____? (work)
B : Yes, if you can.

A : 이번 주말에 일해야 하나요?
B : 네, 하실 수 있으면요.

Do I have to work this weekend

~하겠다

I will + 동사원형

Basic Expression

I will call you. 제가 전화 드릴게요.

will은 '~할 것이다'라는 미래의 뜻을 나타내는 조동사로, can이나 have to와 마찬가지로 주어와 동사 사이에 위치시키면 된다. will 외에도 shall과 같은 조동사를 미래시제에 쓰기도 했으나, 요즘은 특별한 경우가 아니면 특히 회화체에서 will로 통일되는 추세이다.

Useful Expressions

❶ I will help you.
당신을 도와 드릴게요.

❷ I will get it.
제가 받을게요.

❸ I will be there.
거기 갈게요.

❹ I will be back at ten.
열 시에 돌아올게요.

Dialogue & Practice

A : When are we going to meet tomorrow?
B : I will call you.

　A : 우리 내일 언제 만나죠?
　B : 제가 전화 드릴게요.

A : You look sick. Can you go to work today?
B : Yes, I can. _____. (be okay)

　A : 당신, 아파 보여요. 오늘 회사 갈 수 있겠어요?
　B : 갈 수 있어요. 괜찮아질 거예요.

답: I will be okay

~ 좀 해 주시겠어요?

Pattern 010 **Would you please** +동사원형~?

Basic Expression

Would you please help me?
도와 주시겠어요?

앞에서 배운 Could you~? 역시 이와 같은 상황에서 함께 쓸 수 있는데, please를 붙이면 더욱 예의를 갖춘 표현이 되며, please를 문장 맨 뒤로 보내어 Would you help me, please?라고 해도 된다.

Useful Expressions

❶ **Would you please** step aside?
조금만 비켜 주실래요?

❷ **Would you please** move the chair?
의자 좀 옮겨 주시겠어요?

❸ **Would you please** give me a hand?
도와 주시겠어요?

❹ **Would you please** get me a cold drink?
찬 음료수 좀 주시겠어요?

Dialogue & Practice

A : Would you please help me?
B : Yes. What can I do for you?

   A : 제발 저 좀 도와 주시겠어요?   B : 네, 어떻게 해 드릴까요?

A : _____? (give / a ride)
B : I'm really sorry, but I can't.

   A : 차로 데려다 주시겠어요?
   B : 정말 죄송하지만 안 돼요.

답: Would you please give me a ride

~하지 않겠다

Pattern 011: I won't + 동사원형

Basic Expression

I won't bother you. 귀찮게 안 할게요.

'~하지 않겠다'는 will not을 쓰면 되는데 회화체에서는 축약형인 won't를 더 자주 쓴다. '원트'가 아니라 입을 재빨리 오므렸다 폈다 다시 오므리면서 '워온트'와 같이 발음하도록 연습하자.

Useful Expressions

❶ **I won't marry him.**
그 사람과는 결혼 안 할 거예요.

❷ **I won't buy the bag.**
그 가방은 안 살 거예요.

❸ **I won't go out.**
외출 안 할 거예요.

❹ **I won't quit my job.**
직장 안 관둘 거예요.

Dialogue & Practice

A : Do you have time to go to the movies tonight?
B : No, I won't go out tonight.

A : 오늘 밤에 영화 보러 갈 시간 있어요?
B : 아뇨, 오늘 밤에는 외출 안 할 거예요.

A : _____. (go to work)
B : Don't act like a child.

A : 오늘 회사 안 갈 거예요.
B : 어린애처럼 굴지 말아요.

답) I won't go to work today

절대 ~ 안 할 거다

I'll never + 동사원형

Basic Expression

I'll never be like you. 난 절대 당신처럼은 안 될 거예요.

'~ 안 할 것이다'라는 말은 조동사 will과 not의 축약형 won't를 쓰지만, '절대 ~ 안 할 것이다'라고 부정을 강조할 때는 will과 not 사이에 never를 삽입해서 I will never 또는 I'll never라고 표현한다.

Useful Expressions

❶ **I'll never** leave you.
절대 당신을 안 떠나요.

❷ **I'll never** do that again.
다시는 절대 그렇게 안 할 거예요.

❸ **I'll never** tell a lie.
절대 거짓말 안 할게요.

❹ **I'll never** hang around with them.
그들과는 절대 안 어울릴 거예요.

Dialogue & Practice

A : I'll be lonely without you.
B : Don't worry. I'll never leave you.

A : 당신 없이는 쓸쓸할 거예요.
B : 걱정 말아요. 절대 당신을 안 떠날 거예요.

A : _____. (be late)
B : You always say that.

A : 절대로 늦지 않을게요.
B : 당신은 언제나 그렇게 말하죠.

답: I'll never be late

~해야겠다

I should + 동사원형

Basic Expression

I should go home. 집에 가야겠어요.

흔히 should는 약한 의무, must는 강한 의무 정도로 알고 있는데, have to나 must는 의지가 들어가는 강한 의무의 상황에서 유사하게 쓰이고, should는 꼭 그래야 한다기보다 그렇게 하는 것이 좋다고 여겨지는 상황에서 사용된다.

Useful Expressions

❶ **I should** tell Jodie.
조디한테 말해야겠어요.

❷ **I should** eat less.
덜 먹어야겠어요.

❸ **I should** go on a diet.
다이어트 좀 해야겠어요.

❹ **I should** help my mom.
엄마를 도와 드려야겠어요.

Dialogue & Practice

A : I should go home.
B : Please stay a little longer.

A : 집에 가야겠어요.
B : 조금만 더 있다 가세요.

A : Are you going somewhere?
B : _____ in the hospital. (visit Jane)

A : 어디 가시는 길이에요?
B : 네. 제인 병문안 가야 돼요.

ⓔ Yes, I should visit Jane

~했어야 했는데

Pattern 014 : I should have + p.p.

Basic Expression

I should have done this. 이 일을 했어야 했는데.

'should have+과거분사(p.p.)'는 과거에 어떤 일을 했어야 했는데 결과적으로 안 했을 때, 그래서 후회하는 상황에서 자주 쓰이는 패턴이다. 이렇게 조동사와 현재완료 시제(have+과거분사)가 붙어서 과거에 해야야 했거나 할 수 있었던 일을 하지 않은 상황을 묘사하는 경우가 있다.

Useful Expressions

❶ **I should have** come earlier.
더 빨리 왔어야 했는데.

❷ **I should have** studied harder.
더 열심히 공부했어야 했는데.

❸ **I should have** seen him off.
그를 배웅했어야 했는데.

❹ **I should have** taken care of him.
그를 돌봐 줬어야 했는데.

Dialogue & Practice

A : Sorry. I should have come earlier.
B : It's okay. You didn't have to.

A : 죄송해요. 더 빨리 왔어야 했는데.   B : 괜찮아요. 그러실 필요 없었어요.

A : Haven't you found John yet?
B : No, _____ at the school. (pick~up)

A : 아직 존을 못 찾았나요?
B : 네. 제가 학교로 데리러 갔어야 했어요.

I should have picked him up

~하셔야 할 것 같아요

I think you should + 동사원형

Basic Expression

I think you should try.
노력해 보셔야 할 것 같아요.

조동사 should는 I think와 자주 붙여서 말하는데, '~해야 할 것 같다'라고 부드럽게 충고하는 경우에 쓰는 패턴이다.

Useful Expressions

❶ **I think you should** forget it.
잊어버리셔야 할 것 같아요.

❷ **I think you should** write a letter.
편지를 쓰셔야 할 것 같아요.

❸ **I think you should** understand him.
그를 이해하셔야 할 것 같아요.

❹ **I think you should** talk to your boss.
당신 상사와 얘기해 보셔야 할 것 같아요.

Dialogue & Practice

A : I should try once more.
B : No, I think you should forget it.

A : 한 번 더 해 봐야겠어요.　B : 아뇨, 그냥 잊어버려야 할 것 같아요.

A : What should I do?
B : _____. (tell / the truth)

A : 난 어쩌면 좋죠?
B : 그녀에게 사실을 말해야 할 것 같아요.

I think you should tell her the truth

~하시는 게 좋을 것 같아요

016 I think you'd better + 동사원형

Basic Expression

I think you'd better hurry.
서두르는 게 좋을 것 같아요.

you'd better는 you had better의 준말로, you should와 마찬가지로 '~하는 게 좋다'라는 충고조로 쓸 수 있는 말이다.

Useful Expressions

① **I think you'd better** leave now.
지금 떠나시는 게 좋을 것 같아요.

② **I think you'd better** choose this one.
이걸 선택하시는 게 좋을 것 같아요.

③ **I think you'd better** take a taxi.
택시를 타시는 게 좋을 것 같아요.

④ **I think you'd better** save more money.
더 저축하시는 게 좋을 것 같아요.

Dialogue & Practice

A : I think you'd better hurry.
B : I know. I'd better take a taxi.

A : 서두르는 게 좋을 것 같아요. B : 알아요. 택시를 타는 게 좋겠어요.

A : Do you know where the mall is?
B : Well... _____. (ask someone else)

A : 상가가 어디 있는지 아세요?
B : 글쎄요… 다른 사람에게 여쭤 보시는 게 좋을 것 같아요.

I think you'd better ask someone else

~해도 된다

You may + 동사원형

Basic Expression

You may go now. 이제 가셔도 됩니다.

'~해도 된다'라는 '허가'의 표현은 조동사 may를 써서 나타낼 수 있다. You can go.나 You can play.처럼 앞에서 배운 '가능성'의 조동사 can 역시 may 대신 허가할 때 쓸 수 있다.

Useful Expressions

❶ **You may** call me Jim.
나를 짐이라고 불러도 됩니다.

❷ **You may** come closer.
더 가까이 오셔도 돼요.

❸ **You may** enter the room.
방 안으로 들어가셔도 됩니다.

❹ **You may** have a ten-minute break.
십 분간 쉬어도 됩니다.

Dialogue & Practice

A : I really have to go.
B : Okay. You may go now.

　A : 저 진짜 가야 해요.
　B : 좋아. 이제 가도 돼.

A : Your hamburger looks delicious.
B : _____. (have a bite)

　A : 네 햄버거 맛있게 보인다.
　B : 한 입 먹어도 돼.

답: You may have a bite

~해도 될까요?

May I + 동사원형 ~ ?

Basic Expression

May I smoke? 담배 피워도 될까요?

'~해도 됩니까?' 하는 허락을 구하는 상황에서 쓰는 의문문 패턴으로 May I ~?를 쓸 수 있다. 이에 대한 대답으로 허락을 할 경우에는 Yes, you may. 허락하지 않을 경우에는 No, you must not.으로 답한다는 것도 함께 알아 두자.

Useful Expressions

❶ **May I** drop by?
  잠깐 들러도 될까요?

❷ **May I** come in?
  들어가도 될까요?

❸ **May I** open the door?
  문을 열어도 될까요?

❹ **May I** ask you something?
  뭘 좀 여쭤 봐도 될까요?

Dialogue & Practice

A : May I smoke?
B : Yes, you may.

  A : 담배 피워도 될까요?
  B : 네, 그러세요.

A : _____? (eat ~ up)
B : If you want to get fat.

  A : 이거 다 먹어도 돼요?
  B : 살찌고 싶으면요.

May I eat this up

틀림없이 ~이다

It must be + 명사/대명사

Basic Expression

It must be him. 틀림없이 그 사람이에요.

must는 '강한 의무'를 나타내는 조동사로, have to와 유사한 상황에서 쓸 수 있다. It must be는 '틀림없이 ~이다'라는 강한 추측을 나타낼 때 쓸 수 있는 패턴이다.

Useful Expressions

❶ **It must be** love.
틀림없이 사랑일 거예요.

❷ **It must be** her fault.
틀림없이 그녀 잘못일 거예요.

❸ **It must be** true.
틀림없이 사실일 거예요.

❹ **It must be** beautiful.
틀림없이 아름다울 거예요.

Dialogue & Practice

A : A man was looking for you.
B : It must be Greg.

A : 어떤 남자가 당신을 찾고 있었어요.
B : 틀림없이 그레그일 거예요.

A : Somebody cleaned up the room.
B : _____.(grandma)

A : 누가 방을 깨끗이 치웠어요.
B : 틀림없이 할머니이실 거예요.

It must be grandma

~일 것 같다

It might be + 형용사 + to + 동사

Basic Expression

It might be fun to go fishing.
낚시하러 가는 것은 재미있을 것 같아요.

'아마 ~할 것이다'라는 추측을 나타낼 때 조동사 can, may, might를 쓸 수 있는데, 여기서는 It might be 패턴을 연습해 보자.

Useful Expressions

❶ **It might be** okay **to** join them.
그들과 합류하는 것도 괜찮을 것 같아요.

❷ **It might be** lonely **to** live alone.
혼자 사는 건 외로울 것 같아요.

❸ **It might be** hard **to** forget it.
그걸 잊어버리는 건 힘들 것 같아요.

❹ **It might be** better **to** listen to your mom.
당신 엄마 말씀을 듣는 게 더 나을 것 같아요.

Dialogue & Practice

A : I don't want to get married.
B : It might be lonely to live alone.

A : 결혼하고 싶지가 않아요.   B : 혼자 사는 건 외로울 것 같아요.

A : What are we going to do today?
B : _____. (go shopping)

A : 오늘 우리 뭐 할까요?
B : 쇼핑하러 가는 게 재미있을 것 같아요.

답: It might be fun to go shopping

예전에 ~였다

I used to + 동사원형

Basic Expression

I used to be a teacher. 저는 예전에 교사였어요.

used to는 '~예전에는 …했다/였다' 라는 뜻의 준조동사이다. 준조동사는 생김새는 조동사와 다르지만 조동사와 같은 의미와 기능을 갖기 때문에 동사원형이 뒤따라 나온다.

Useful Expressions

❶ **I used to** be fat.
저는 예전에 뚱뚱했어요.

❷ **I used to** love her.
예전에는 그녀를 사랑했어요.

❸ **I used to** eat meat.
예전에는 고기를 먹었어요.

❹ **I used to** live in Mexico.
예전에 멕시코에 살았어요.

Dialogue & Practice

A : What do you do?
B : I'm a doctor. I used to be a teacher.

A : 직업이 뭐예요?
B : 의사입니다. 예전에는 교사였죠.

A : Don't you drive?
B : _____ (have), but I sold it.

A : 운전 안 하세요?
B : 예전에는 차가 있었는데 팔았어요.

I used to have a car

~에 익숙해졌다

I got used to + 명사/-ing

Basic Expression

I got used to it. 그것에 익숙해졌어요.

get used to는 used to와 전혀 다른 뜻으로 쓰이는데 '~에/~하는 데 익숙해지다'라는 의미이다. get used to 다음에는 명사나 동명사(-ing)가 온다는 사실에 유의한다.

Useful Expressions

❶ **I got used to** being alone.
혼자 있는 것에 익숙해졌어요.

❷ **I got used to** living abroad.
외국에서 사는 것에 익숙해졌어요.

❸ **I got used to** his way of talking.
그의 말투에 익숙해졌어요.

❹ **I got used to** sharing a room with him.
그와 방을 함께 쓰는 것에 익숙해졌어요.

Dialogue & Practice

A : You're good at this.
B : Yes. I got used to it.

A : 이거 잘 하시네요.
B : 네, 이제 익숙해졌어요.

A : _____. (drive / van)
B : I can tell.

A : 이 밴을 운전하는 데 익숙해졌어요.
B : 그래 보여요.

I got used to driving this van

~하지 말아요

Don't + 동사원형

Basic Expression

Don't go. 가지 마.

'~하라'는 명령문은 주어 없이 동사를 앞에 두어 Come closer., Give that to me.라고 말하면 되는데, '~하지 말라'는 명령문을 만들기 위해서는 조동사 do와 not의 결합인 don't를 빌려 와야 한다.

Useful Expressions

❶ **Don't** tell him.
그 사람한테 말하지 말아요.

❷ **Don't** laugh at me.
비웃지 말아요.

❸ **Don't** speak loudly.
큰 소리 내지 마세요.

❹ **Don't** make a mess.
어지르지 말아요.

Dialogue & Practice

A : Ha ha, do you think you can do this?
B : Don't laugh at me.

A : 하하, 네가 정말 이걸 할 수 있다고 생각해?
B : 비웃지 마.

A : I shouldn't have done that.
B : _____. (look back) It doesn't help at all.

A : 그걸 하지 말았어야 했는데.
B : 뒤돌아보지 말아요. 전혀 도움이 안 돼요.

Don't look back.

~하지 말아요

Pattern 024: Don't be + 형용사

Basic Expression

Don't be foolish.   어리석게 굴지 말아요.

부정명령문을 만들 때 don't 다음에 일반동사가 아니라 be동사가 오는 경우에는 'be동사+형용사'의 형태를 취해서 '~하지 말라'는 뜻을 나타낼 수 있다.

Useful Expressions

❶ **Don't be** shy.
부끄러워하지 말아요.

❷ **Don't be** sorry.
미안해하지 말아요.

❸ **Don't be** afraid.
무서워하지 말아요.

❹ **Don't be** serious.
심각하게 굴지 말아요.

Dialogue & Practice

A : I just can't speak to him.
B : Don't be shy.

A : 그 사람한테 말을 못 걸겠어요.
B : 부끄러워하지 말아요.

A : _____. (late)
B : Okay. I'll try not to.

A : 늦지 마세요.
B : 알았어요. 안 그러도록 해 볼게요.

답: Don't be late

Chapter 02

Be동사 패턴

I am, you are, he is, they are… 중학교 때 맨 처음 우리에게 등장한 영어, be동사의 변화들입니다. be동사는 잘 알다시피 95%는 '~이다' 라는 뜻으로, 5% 정도는 '있다' 라는 뜻으로 쓰이는 기본 중의 기본이 되는 동사인데, 주어에 따라 모습을 싹싹 잘 바꾸어 줘야 합니다.

be동사를 포함한 패턴은 대부분 'be동사+명사/형용사' 이므로, 다양한 형용사를 알고 있으면 무난하게 구사할 수 있습니다.

이분[이것]은 ~이다

This is + 명사

Basic Expression

This is my father. 이분은 저희 아버지세요.

be동사는 기본적으로 '~이다' 라는 뜻과 '(~에) 있다' 라는 두 가지 뜻을 가지는데, 여기서는 전자의 뜻이다. This is 다음에는 사람이나 사물의 이름, 즉 명사가 오는데, 특히 사람을 가리켜 This is라고 말할 때는 '이 사람은 ~이다' 라는 뜻으로 누군가를 소개할 때 사용한다.

Useful Expressions

❶ **This is** Mr. Simpson.
이분이 심슨 씨예요.

❷ **This is** she.
제가 그 사람인데요. (전화통화 상에서)

❸ **This is** my job.
이게 제 일이에요.

❹ **This is** the way I like it.
이게 제가 좋아하는 방식이에요.

Dialogue & Practice

A : Would you introduce this gentleman?
B : Yes, this is my father.

A : 이 신사분 좀 소개해 주시겠어요?
B : 네, 이분은 제 아버지세요.

A : Who is the man in this photo?
B : _____. (husband)

A : 사진 속에 있는 이 남자는 누구예요?
B : 우리 남편이에요.

This is my husband

그거 ~한데!

That's + 형용사

Basic Expression

That's great! 그거 멋진데요!

상대방의 말을 듣고 '그건 ~하군요!' 라고 응수하는 경우, 상대방의 말을 대명사 that으로 받아서 'That's+형용사'로 표현할 수 있다. 다양한 형용사를 통해 다양한 응수 방법을 익혀 보자.

Useful Expressions

❶ **That's** so fun!
그것 참 재미있네요!

❷ **That's** awesome!
그거 굉장한데요!

❸ **That's** unbelievable!
그건 믿을 수가 없는데요!

❹ **That's** terrible!
그건 최악이에요!

Dialogue & Practice

A : Why don't we go to see a movie tonight?
B : That's great!

A : 우리 오늘 밤에 영화보러 가지 않을래요?
B : 그거 아주 좋은데요!

A : I know how to do magic.
B : _____! (amazing)

A : 저 마술할 줄 알아요.
B : 정말 놀라운데요!

That's amazing

그건 ~가 아니다

It's not + 명사/형용사

Basic Expression

It's not my fault. 제 잘못이 아니에요.

'그건 ~가 아니에요, ~하지 않아요' 라고 말할 때 대명사 it을 사용하여 'It's not+명사/형용사' 패턴을 쓸 수 있다. 우리나라 말로 해석할 때는 '그건'이라는 말을 생략하면 더 자연스럽게 들린다. 상황에 따라 it 대신 this나 that을 대신해서 사용할 수도 있다.

Useful Expressions

❶ **It's not** the point.
그게 요점이 아니에요.

❷ **It's not** a good idea.
그건 좋은 생각이 아니에요.

❸ **It's not** easy.
쉽진 않네요.

❹ **It's not** that bad.
그리 나쁘진 않네요.

Dialogue & Practice

A : Who broke the computer?
B : Don't look at me. It's not my fault.

A : 누가 컴퓨터 고장냈어요?
B : 나 쳐다보지 마세요. 제 잘못이 아니에요.

A : Let's just do this together.
B : _____. (simple)

A : 그냥 같이 해치워 버려요.
B : 그렇게 간단한 일이 아니에요.

It's not that simple

A가 아니라 B다

It's not A but B

Basic Expression

It's not Bill but Dan. 빌이 아니라 댄이에요.

앞에서 익힌 'It's not+명사/형용사' 패턴을 조금 더 연장해서 'A가 아니라 B다'라는 뜻으로 접속사 but을 써서 'It's not A but B' 패턴을 사용해 보자. 이 때 주의할 것은 but 앞뒤에 오는 A나 B는 둘 다 명사이거나 둘 다 형용사여야 한다는 점이다.

Useful Expressions

❶ It's not love but your selfishness.
그건 사랑이 아니라 당신 이기심이에요.

❷ It's not my mistake but his.
내 잘못이 아니라 그 사람 잘못이에요.

❸ It's not an ending but a beginning.
마지막이 아니라 시작이에요.

❹ It's not beautiful but awful.
아름다운 게 아니라 끔찍한 거예요.

Dialogue & Practice

A : The ending of the book was unique.
B : Yes! It's not an ending but a beginning.

A : 그 책의 엔딩이 독특했어요.
B : 그럼요! 그건 마지막이 아니라 시작인 거예요.

A : _____. (beef / pork)
B : Can you tell the difference?

A : 그건 쇠고기가 아니라 돼지고기예요.
B : 구별이 돼요?

It's not beef but pork

~하다는 게 정말이에요?

Is it true + 주어 + 동사 ~ ?

Basic Expression

Is it true you're sick? 아프다는 거 정말이에요?

'~가 정말이야?, 사실이야?' 하고 물어볼 때 'Is it true (that)+주어+동사' 패턴을 쓸 수 있는데, 여기서 접속사 that은 생략해서 많이 쓴다.

Useful Expressions

① **Is it true** they are divorced?
그들이 이혼한 게 분명해요?

② **Is it true** he told a lie?
그가 거짓말했다는 게 사실이에요?

③ **Is it true** you don't love him?
그를 사랑하지 않는다는 게 정말이에요?

④ **Is it true** he did it on purpose?
그가 고의로 그랬다는 게 정말이에요?

Dialogue & Practice

A : Is it true you're sick?
B : I'm all right. Don't worry about me.

A : 당신 아프다는 게 정말이에요? B : 난 괜찮아요. 내 걱정은 말아요.

A : _____? (go to Europe)
B : What are you talking about? He's still here.

A : 그 사람, 유럽 간 게 사실이에요?
B : 무슨 소리예요? 아직 여기 있어요.

답: Is it true he's gone to Europe

Pattern 030 The truth is, + 주어 + 동사

사실은 ~이다

Basic Expression

The truth is, I love her.
사실은, 나는 그녀를 사랑해요.

'사실은 ~이다' 라며 사실을 확실히 해 두어야 하거나 숨겨둔 사실을 밝혀야 하는 경우에 'The truth is,+주어+동사' 패턴을 쓸 수 있다.

Useful Expressions

① **The truth is,** I miss you.
사실은, 당신이 보고 싶어요.

② **The truth is,** he did it himself.
사실은, 그가 그렇게 했다는 거예요.

③ **The truth is,** she lied to me.
사실은, 그녀가 나에게 거짓말을 했어요.

④ **The truth is,** he is alive.
사실은, 그가 살아 있어요.

Dialogue & Practice

A : What is the truth?
B : **The truth is,** he did it himself.

A : 뭐가 진실이에요?
B : 사실은, 그가 그 짓을 했어요.

A : Donna's getting prettier these days.
B : _____. (be in love)

A : 도나가 요즘 점점 더 예뻐져요.
B : 사실은, 그녀가 사랑에 빠졌거든요.

The truth is, she is in love

~가 있다

There is/are + 명사 (+ 부사구)

Basic Expression

There is a problem. 문제가 있어요.

be동사가 '있다' 라는 의미로 쓰일 때 'There is+명사' 패턴을 쓴다. 여기서 주의할 점은 there는 유도부사로서 '거기' 라고 해석하지 않는다는 점이다.

Useful Expressions

❶ **There is** no Santa Claus.
산타 클로스는 없어요.

❷ **There is** a picture on the wall.
벽에 그림이 있어요.

❸ **There are** kids in the yard.
마당에 아이들이 있어요.

❹ **There are** presents under the table.
탁자 밑에 선물들이 있어요.

Dialogue & Practice

A : There is a problem.
B : What is it?

A : 문제가 있어요.
B : 뭔데요?

A : What do you see in this picture?
B : _____. (a lot of cars)

A : 이 그림에서 뭐가 보여요?
B : 차가 많아요.

There are a lot of cars

여기 ~ 있다

Here is/are + 명사

Basic Expression

Here is my card. 제 명함입니다.

상대방에게 무엇인가를 건네주면서 '여기 ~ 있다'라고 말할 때 'Here is/are+명사' 패턴을 쓸 수 있다. 굳이 명사를 언급하지 않고 '여기요'라는 뜻으로 쓸 때는 Here you are., Here you go. 또는 그냥 Here.라고도 말할 수 있다.

Useful Expressions

① **Here is** the change.
잔돈입니다.

② **Here is** my phone number.
이게 제 전화번호입니다.

③ **Here is** Mr. President.
대통령이십니다.

④ **Here are** rules to follow.
따라야 할 규칙들이 있습니다.

Dialogue & Practice

A : Here is my card.
B : Nice to meet you Mr. Jackson.

   A : 여기 제 명함입니다.
   B : 만나서 반갑습니다, 잭슨 씨.

A : Do you take 100 dollar bill.
B : Sure. _____. (the change)

   A : 100달러짜리 지폐도 받나요?
   B : 물론이죠. 잔돈 여기 있습니다.

정답: Here is the change

Pattern 033

~가 있나요?

Is/Are there + 명사 (+ 부사구) ~ ?

Basic Expression

Is there God? 신이 존재하나요?

There is의 유도부사 패턴에서 be동사와 there의 위치를 바꾸어 'Is there+명사+(부사구)?'의 순서를 따른 것이다. 필요한 경우 장소나 위치를 나타내는 부사구와 함께 쓰인다.

Useful Expressions

❶ **Is there** a problem here?
여기 무슨 문제 있어요?

❷ **Is there** anybody out there?
거기, 밖에 아무도 없어요?

❸ **Are there** ghosts in the house?
그 집에 유령이 있나요?

❹ **Are there** snakes in Hawaii?
하와이에 뱀이 있나요?

Dialogue & Practice

A : Is there a problem here?
B : No, there isn't.

　A : 여기 무슨 문제라도 있어요?
　B : 아뇨, 없어요.

A : _____ in the fridge? (foods left)
B : Sorry, there is no leftover.

　A : 냉장고에 음식이 좀 남았나요?
　B : 미안하지만 남은 음식은 없어요.

답: Is there some food left

~가 있을까요?

Will there be + 명사 ~?

Basic Expression

Will there be good news? 좋은 소식이 있을까요?

'~가 있을까요?, ~가 일어날까요?' 하고 미래에 일어날 일에 대해 기대나 추측을 할 때 there is 패턴을 사용할 수 있다. 조동사 will을 문두에 두고 'Will there be+명사~?'의 어순을 따르면 된다.

Useful Expressions

① **Will there be** floods?
홍수가 날까요?

② **Will there be** another war?
전쟁이 또 일어날까요?

③ **Will there be** good people?
좋은 사람들이 있을까요?

④ **Will there be** enough time to get there?
거기 가는 데 충분한 시간이 있을까요?

Dialogue & Practice

A : Will there be good news?
B : There should be.

A : 좋은 소식이 있을까요?
B : 그럴 거예요.

A : _____? (big change)
B : Nobody knows.

A : 큰 변화가 있을까요?
B : 아무도 모르죠.

Will there be a big change

~가 전혀 없다

There's nothing + 수식어구

Basic Expression

There's nothing wrong with it.
그건 아무 문제가 없어요.

'~가 아무것도 없다' 라는 뜻으로 There's nothing 패턴을 쓸 수 있는데, There's nothing 다음에는 nothing을 수식해 줄 수 있는 절(주어+동사)이나 to부정사, 형용사 등의 수식어구가 다양하게 올 수 있다.

Useful Expressions

❶ **There's nothing** more exciting.
   더 신나는 일은 없어요.

❷ **There's nothing** to worry about.
   걱정할 거 없어요.

❸ **There's nothing** to do here.
   여기는 아무것도 할 게 없어요.

❹ **There's nothing** I can do.
   내가 할 수 있는 일이 아무것도 없어요.

Dialogue & Practice

A : What should I do with this?
B : There's nothing to worry about.

A : 이걸 어떻게 하면 좋죠?
B : 걱정할 거 없어요.

A : Please say anything to me.
B : Sorry, but _____. (say)

A : 나한테 무슨 말이라도 해 봐요.
B : 미안하지만 아무것도 할 말이 없어요.

there's nothing to say

~할 필요 없다

Pattern 036 There's no need to + 동사원형

Basic Expression

There's no need to rush. 서둘 필요 없어요.

'(당신은) ~할 필요가 없다' 라는 말을 표현하는 방법으로는 몇 가지가 있는데, You don't need to., You don't have to. 그리고 'There's no need to+동사원형' 패턴이다.

Useful Expressions

❶ **There's no need to** fear.
겁낼 필요 없어요.

❷ **There's no need to** persuade him
그 사람 설득할 필요 없어요.

❸ **There's no need to** worry about it.
걱정할 필요 없어요.

❹ **There's no need to** feel sorry about him.
그 사람한테 미안해할 필요 없어요.

Dialogue & Practice

A : Let's hurry! We're going to be late!
B : Come on. There's no need to rush.

A : 서둘러요! 우리 늦을 거예요!
B : 괜찮아요. 서두를 필요 없어요.

A : I'm so mad at James.
B : _____. (fight)

A : 제임스한테 너무 화가 나요.
B : 그 사람이랑 싸울 필요 없어요.

답: There's no need to fight him

~할 방법이 없다

Pattern 037 There's no way to + 동사원형

Basic Expression

There's no way to reach him.
그에게 연락할 방법이 없어요.

'방법'을 뜻하는 단어로 way를 사용할 수 있는데, 이 역시 there is와 함께 써서 '~할 방법이 없다'라는 말을 'There's no way to+동사원형'을 써서 나타낼 수 있다.

Useful Expressions

❶ **There's no way to** save more money.
더 저축할 방법이 없어요.

❷ **There's no way to** hide your mistake.
당신 실수를 숨길 방법이 없어요.

❸ **There's no way to** win the game.
게임에 이길 방법이 없어요.

❹ **There's no way to** cheer him up.
그를 격려할 방법이 없어요.

Dialogue & Practice

A : Don't you have his phone number?
B : No. There's no way to reach him.

A : 그 사람 전화번호가 없나요?
B : 없어요. 그에게 연락할 방법이 없어요.

A : Don't you have any idea to persuade your father?
B : No, _____. (stop)

A : 당신 아버지를 설득할 수 있는 아이디어 없어요?
B : 아뇨, 그분을 막을 방법이 없어요.

there's no way to stop him

~할 방법이 없나요?

Pattern 038 Is there any way to + 동사원형 ~?

Basic Expression

Is there any way to find him?
그를 찾을 방법이 없을까요?

There is의 의문형 'Is there any way to+동사원형' 패턴이다. a way 대신 any way를 쓰게 되면 '뭐라도 좋으니 방법이 없을까?' 라는 의미를 강조한다는 것도 알아 두자.

Useful Expressions

❶ **Is there any way to** fix it?
이거 고칠 방법이 없을까요?

❷ **Is there any way to** get there?
거기 갈 수 있는 방법이 없을까요?

❸ **Is there any way to** make much money?
돈을 많이 벌 방법이 없을까요?

❹ **Is there any way to** solve the problem?
그 문제를 해결할 방법이 없을까요?

Dialogue & Practice

A : Is there any way to fix it?
B : Let me think about it.

A : 이거 고칠 방법이 없을까요?
B : 생각 좀 해 볼게요.

A : _____? (get out of)
B : I don't think there is.

A : 여기서 나갈 수 있는 방법이 없을까요?
B : 없는 것 같아요.

Is there any way to get out of here

~하는 중이다

I'm + -ing

Basic Expression

I'm trying. 노력 중이에요.

'~하는 중이다, ~하고 있다' 라는 동작의 진행 상태를 나타낼 때 'be동사 +-ing' 패턴을 쓴다. 즉, '~이다' 라는 be동사 뒤에 '~하고 있는 상태' 를 나타내는 분사(동사원형+ing)를 결합시켜 무엇인가를 하고 있는 상태를 가리키는데, 주어의 인칭과 수에 따라 be동사를 적절히 바꿔서 사용한다.

Useful Expressions

❶ I'm cleaning the room.
방 청소 중이에요.

❷ I'm staying in Seoul.
서울에서 체류 중이에요.

❸ I'm listening to the radio.
라디오를 듣고 있어요.

❹ I'm brushing my teeth.
양치하고 있어요.

Dialogue & Practice

A : Can you finish the report tomorrow?
B : I'm trying.

A : 내일 보고서를 마칠 수 있어요? B : 노력 중이에요.

A : Are you sleeping?
B : _____. (just / close)

A : 자고 있어요?
B : 아뇨, 그냥 눈을 감고 있는 중이에요.

답: No, I'm just closing my eyes.

~하고 있어요?

Pattern 040 — Are you + -ing ~ ?

Basic Expression

Are you washing? 씻고 있어요?

be going to에서 be동사와 주어의 자리를 바꿔 'be동사+주어+-ing~?' 패턴을 쓰면 '~하고 있니?, ~하는 중이니?' 하고 물어보는 말이다. be동사 앞에 의문사를 써서 '무엇을 하고 있니?'는 'What are you+-ing~?', '왜 ~하고 있니?'는 'Why are you+-ing~?'처럼 말할 수 있다.

Useful Expressions

❶ **Are you** baking bread?
빵 굽고 있어요?

❷ **Are you** looking at me?
날 보고 있는 거예요?

❸ **Are you** copying the documents?
서류 복사하고 있어요?

❹ **Are you** reading the newspaper?
신문 보고 있어요?

Dialogue & Practice

A : Are you looking at me?
B : Oh, sorry. I was thinking of something.

　A : 날 보고 있는 거예요?
　B : 아, 미안해요. 뭘 좀 생각하는 중이었어요.

A : _____? (listening)
B : Of course I am.

　A : 내 말을 듣고 있는 거예요?
　B : 물론이죠.

Are you listening to me

~할 것이다

Pattern 041: I'm going to + 동사원형

Basic Expression

I'm going to exercise. 운동할 거예요.

'~할 것이다'라는 미래시제는 조동사 will 또는 be going to 패턴을 쓴다. 두 패턴은 비슷하게 쓰이지만 미세한 차이가 있는데, will은 미리 계획한 것이 아니라 단순하거나 갑작스런 상황일 때 자주 쓰고, 예전부터 계획했던 확실한 미래에 대해서는 be going to를 쓴다.

Useful Expressions

❶ **I'm going to** take a bath.
목욕할 거예요.

❷ **I'm going to** be a doctor.
의사가 될 거예요.

❸ **I'm going to** take you home.
당신을 집에 바래다 드릴 거예요.

❹ **I'm going to** clean my room.
내 방을 치울 거예요.

Dialogue & Practice

A : What are you going to do?
B : I'm going to take a bath.

A : 무얼 하실 거예요?   B : 목욕할 거예요.

A : _____. (finish / by tomorrow)
B : I think it's almost impossible.

A : 내일까지 리포트를 끝낼 거예요.
B : 거의 불가능할 텐데요.

I'm going to finish the report by tomorrow

~하지 않을 것이다

I'm not gonna + 동사원형

Basic Expression

I'm not gonna hurt you. 당신을 해치지 않을게요.

'~하지 않을 것이다'라는 말은 won't 외에도 be going to의 부정형인 be not going to를 쓰면 된다. going to는 발음의 편의상 gonna로 축약해서 많이 쓰기 때문에 I'm not gonna라고 연습해 두는 것도 좋다.

Useful Expressions

❶ **I'm not gonna** tell you.
당신한테 말 안 할 거예요.

❷ **I'm not gonna** say yes.
긍정적인 대답은 안 할 거예요.

❸ **I'm not gonna** go on a diet.
다이어트는 안 할 거예요.

❹ **I'm not gonna** see him again.
그 사람은 다시 안 볼 거예요.

Dialogue & Practice

A : You scare me.
B : Do I? I'm not gonna hurt you.

A : 당신 때문에 무서워요.
B : 내가요? 난 당신을 해치지 않을 거예요.

A : _____. (dinner)
B : Why? Are you going on a diet?

A : 난 저녁 안 먹을 거예요.
B : 왜요? 다이어트 중이에요?

I'm not gonna eat dinner

~할 거예요?

Pattern 043 **Are you going to** + 동사원형 ~ ?

Basic Expression

Are you going to go abroad?
외국으로 나갈 거예요?

'~할 거야?' 하고 물어볼 때 be going to를 의문문으로 바꾸어 Are you going to~? 하고 물어볼 수 있다. 미래를 나타내는 표현 중에서도 상대방의 의도를 알아보려고 할 때 쓰기 좋은 패턴이다.

Useful Expressions

❶ **Are you going to** meet him?
그 사람 만날 거예요?

❷ **Are you going to** give it a try?
한번 해 볼 거예요?

❸ **Are you going to** watch the show?
그 프로 볼 거예요?

❹ **Are you going to** finish the steak?
그 스테이크 다 먹을 거예요?

Dialogue & Practice

A : Are you going to meet him?
B : It's not your business.

A : 그 사람 만날 거예요?   B : 당신이 상관할 바 아니잖아요.

A : _____? (order)
B : Well, I'd better borrow them at the library.

A : 그 책들 주문하실 건가요?
B : 글쎄요, 도서관에서 빌리는 게 좋겠어요.

Are you going to order the books

~하려고 했다

Pattern 044 I was going to + 동사원형

Basic Expression

I was going to reach you.
당신한테 연락하려고 했어요.

be going to 패턴에서 be동사를 과거시제 was로 쓰면 '~하려고 했다', 즉 아직은 그 일을 못했지만 '~하려고 하던 생각이었다'라는 뜻이 된다.

Useful Expressions

❶ **I was going to** write an email.
이메일을 쓰려고 했어요.

❷ **I was going to** answer the phone.
전화를 받으려고 했어요.

❸ **I was going to** order pizza.
피자를 시키려고 했어요.

❹ **I was going to** go to bed.
자려고 했어요.

Dialogue & Practice

A : Why didn't you call me?
B : I was going to reach you.

A : 왜 전화 안 했어요?
B : 당신께 연락하려고 했어요.

A : When you're done with your work, let's play chess.
B : Well... _____. (watch)

A : 일이 다 끝나면 체스 한 판 해요.
B : 글쎄요… 나는 TV를 보려고 했는데요.

답: I was going to watch TV

난 정말 ~하다

I'm really + 형용사

Basic Expression

I'm really happy for you.
당신 때문에 정말 기뻐요.

자신의 감정을 나타내는 표현으로 가장 간단하게 be동사와 형용사로 표현할 수 있다. 구어체에서는 '정말 ~하다'라고 감정을 강조하는 경우가 더 많으므로 I'm really 패턴으로 연습해 보자.

Useful Expressions

❶ **I'm really** exhausted.
난 정말 녹초가 됐어요.

❷ **I'm really** bored.
정말 지루해요.

❸ **I'm really** excited.
정말 흥분돼요.

❹ **I'm really** mad at her.
그녀에게 정말 화나요.

Dialogue & Practice

A : I'm getting married to Sam.
B : Oh, I'm really happy for you.

A : 저 샘이랑 결혼해요.   B : 오, 당신 때문에 정말 기뻐요.

A : _____. (worried about)
B : Don't be. He's a grown-up now.

A : 난 정말 내 아들이 걱정돼요.
B : 그러지 마세요. 걔도 이제는 어른이에요.

I'm really worried about my son

난 좀 ~하다

Pattern 046 — I'm kind of + 형용사

Basic Expression

I'm kind of tired. 좀 피곤해요.

감정 표현에 있어서 '정말 ~하다'고 강조할 때도 있지만 '조금 ~하다'고 말하는 경우가 많은데, 이 때 kind of라는 표현을 쓸 수 있다. kind of는 '조금, 좀'이라는 말로, 구어체에서는 빨리 발음해서 kinda라고도 한다.

Useful Expressions

❶ **I'm kind of upset.**
좀 당황스럽네요.

❷ **I'm kind of blue.**
좀 우울해요.

❸ **I'm kind of crazy.**
난 좀 정신이 나갔어요.

❹ **I'm kind of stressed out.**
스트레스를 좀 많이 받았어요.

Dialogue & Practice

A : You look tired.
B : Yes. I'm kind of stressed out.

  A : 피곤해 보여요.
  B : 네. 스트레스를 좀 받아서요.

A : Do you feel all right?
B : _____. (hungry) That's all.

  A : 괜찮으세요?
  B : 그냥 좀 배가 고파서요. 그것뿐이에요.

답: I'm kind of hungry

~해서 정말 기쁘다

I'm so glad to + 동사원형/주어 + 동사

Basic Expression

I'm so glad to help you.
당신을 도와서 정말 기뻐요.

'~해서 정말 기쁘다' 하고 기쁜 이유를 밝힐 때 I'm so glad 다음에 to부정사나 that절(주어+동사)을 붙여 나타낼 수 있다. that절을 쓰는 경우, that은 생략이 가능하고 so 대신 really를 써도 같은 뜻이 된다.

Useful Expressions

❶ **I'm so glad to** hear that.
그 얘기를 들으니 정말 기쁘네요.

❷ **I'm so glad to** work with you.
당신과 일하게 되어 정말 기쁩니다.

❸ **I'm so glad to** meet you like this.
이렇게 뵙게 되니 정말 기쁩니다.

❹ **I'm so glad** (that) you like it.
좋아해 주시니까 저도 정말 기뻐요.

Dialogue & Practice

A : Molly's going to visit us.
B : **I'm so glad to** hear that.

A : 몰리가 우리를 보러 올 거예요.
B : 그 얘기를 들으니 정말 기쁘네요.

A : _____ ! (see)
B : Yeah! What a nice surprise!

A : 여기서 만나다니 정말 기뻐요!
B : 네! 이게 웬일이에요!

답: I'm so glad to see you here

Pattern 048   I'd be happy to + 동사원형

~한다면 좋겠다

Basic Expression

I'd be happy to be with you.
당신과 있으면 기쁠 거예요.

'~하다면 행복할 것이다'와 같이 어떤 상황을 가정할 때 조동사 would를 써서 I would be happy, 줄여서 'I'd be happy to+동사원형'을 쓴다. 여기서 to부정사는 '~하게 된다면'이라는 조건을 의미한다.

Useful Expressions

❶ **I'd be happy to** hear from you.
당신에게 소식을 듣게 되면 기쁠 거예요.

❷ **I'd be happy to** work with you.
당신과 함께 일하게 되면 기쁠 거예요.

❸ **I'd be happy to** live in New York.
뉴욕에서 살게 되면 기쁠 거예요.

❹ **I'd be happy to** help you with this.
이거 하는 데 도울 수 있다면 기쁠 거예요.

Dialogue & Practice

A : I'd be happy to hear from you.
B : I'll surely give you a call when I get there.

    A : 당신에게 소식을 듣게 되면 기쁠 거예요.
    B : 거기 가면 꼭 전화 드릴게요.

A : _____. (meet)
B : I would also be.

    A : 다시 만나뵙게 되면 좋겠습니다.
    B : 저도 그럴 겁니다.

답: I'd be happy to meet you again

~를 무서워하다

Pattern 049 I'm afraid of + 명사/-ing

Basic Expression

I'm afraid of dogs.   나는 개를 무서워해요.

afraid는 '~을 무서워하다, 두려워하다'라는 뜻으로 '주어+be afraid of+명사/-ing' 패턴을 취한다. 동명사(-ing)를 취하는 경우는 '~하는 것을 두려워하다'라고 해석하면 된다.

Useful Expressions

❶ **I'm afraid of** ghosts.
  나는 유령이 무서워요.

❷ **I'm afraid of** the dark.
  나는 어두운 게 무서워요.

❸ **I'm afraid of** dying.
  나는 죽는 게 두려워요.

❹ **I'm afraid of** being with him.
  나는 그 사람과 같이 있는 게 무서워요.

Dialogue & Practice

A : **I'm afraid of** dogs.
B : Sorry, I'll keep them away from you.

  A : 저는 개를 무서워해요.
  B : 죄송해요. 얘네들을 가까이 안 가게 할게요.

A : Why are you closing your eyes?
B : I can't open my eyes. _____.(heights)

  A : 왜 눈을 감고 있어요?
  B : 눈을 뜰 수가 없어요. 나는 고소 공포증이 있어요.

I'm afraid of heights

아무래도 ~할 것 같다

I'm afraid + 주어 + 동사

Basic Expression

I'm afraid I can't. 아무래도 못 할 것 같은데요.

'I'm afraid+주어+동사' 패턴은 두 가지 의미가 있는데, 첫째는 be afraid of에서 쓰인 것과 같이 '~가 …하는 게 무섭다/두렵다' 라는 기본적인 의미이다. 둘째는 부정적인 의미인데, '유감스럽게도/아무래도 ~일 것 같은 생각이 든다' 는 것이다.

Useful Expressions

❶ **I'm afraid** we are lost.
아무래도 우리는 길을 잃은 것 같아요.

❷ **I'm afraid** my eyesight is failing.
아무래도 시력이 떨어지는 것 같아요.

❸ **I'm afraid** it is going to rain.
아무래도 비가 올 것 같은데요.

❹ **I'm afraid** they are out of stock.
아무래도 재고가 없는 것 같아요.

Dialogue & Practice

A : Can you lend me some money?
B : **I'm afraid** I can't.

A : 돈 좀 빌려 줄 수 있어요?
B : 아무래도 안 될 것 같은데요.

A : Can I talk to your manager?
B : _____ right now. (be / in)

A : 매니저와 얘기할 수 있을까요?
B : 유감스럽게도 지금 안 계신 것 같습니다.

I'm afraid he's not in

~을 잘 하다

Pattern 051: I'm good at + 명사/-ing

Basic Expression

I'm good at everything. 나는 뭐든지 잘 해요.

'~을 잘 하다' 또는 '~을 못하다'라는 표현을 자주 하게 되는데, 잘 할 때 쓸 수 있는 표현이 바로 'be good at+명사/-ing'이다. 반대로 '~을 못하다'는 표현은 'be poor at+명사/-ing'이다.

Useful Expressions

❶ **I'm good at** nothing.
나는 잘 하는 게 없어요.

❷ **I'm good at** hiking.
나는 산을 잘 타요.

❸ **I'm good at** catching bugs.
나는 벌레를 잘 잡아요.

❹ **I'm good at** playing with kids.
나는 애들과 잘 놀아요.

Dialogue & Practice

A : What are you good at?
B : **I'm good at** nothing.

A : 뭘 잘 하세요?
B : 나는 잘 하는 게 아무것도 없어요.

A : Wow! It really works!
B : Yes. _____. (computers)

A : 와! 정말 되네요!
B : 그럼요. 나는 컴퓨터에 능숙해요.

I'm good at computers

~를 잘 알다

I'm familiar with + 명사/-ing

Basic Expression

I'm familiar with this place.
난 이 곳을 잘 알아요.

familiar는 '잘 아는, 익숙한'이라는 뜻으로, 'be familiar with+명사/-ing' 패턴은 '~을 잘 알다'라는 의미로 쓰기에 좋다.

Useful Expressions

❶ **I'm familiar with** Mr. Kim.
난 미스터 김을 잘 알아요.

❷ **I'm familiar with** custom of Korea.
난 한국의 풍습을 잘 알아요.

❸ **I'm familiar with** using this camera.
나는 이 카메라 사용법을 잘 알아요.

❹ **I'm familiar with** dealing with the program.
나는 그 프로그램을 잘 다룰 줄 알아요.

Dialogue & Practice

A : Do you know where we are?
B : Yes. I'm familiar with this place.

A : 여기가 어딘지 알아요?
B : 네, 저는 이 곳을 잘 알아요.

A : Do you know Ray White?
B : _____. (his work)

A : 레이 화이트라고 알아요?
B : 네, 그의 작품을 잘 알지요.

Yes, I'm familiar with his work

~에 화가 나다

I'm mad at + 명사

Basic Expression

I'm mad at you. 당신한테 화가 나요.

'화나다'라는 말은 angry로 많이 알고 있는데, 구어체에서는 angry보다 mad를 더 자주 쓴다. 화난 대상 앞에는 전치사 at을 쓴다는 것을 꼭 기억해 두자.

Useful Expressions

❶ **I'm mad at** my boyfriend.
난 남자친구한테 화가 나요.

❷ **I'm mad at** myself.
난 내 스스로에게 화가 나요.

❸ **I'm mad at** his way of talking.
난 그 사람 말투에 화가 나요.

❹ **I'm mad at** the news.
난 그 소식에 화가 나요.

Dialogue & Practice

A : You look angry.
B : Yes. I'm mad at myself.

A : 당신 화나 보여요.
B : 그래요. 나 자신한테 화가 나요.

A : _____. (my son)
B : Why? He's such a good child.

A : 우리 아들 때문에 화가 나요.
B : 왜요? 정말 착한 아이인데.

I'm mad at my son

~ 때문에 초조하다

Pattern 054 I'm nervous about + 명사/-ing

Basic Expression

I'm nervous about wedding.
결혼식 때문에 초조해요.

신경이 날카롭거나 초조할 때 쓸 수 있는 단어가 nervous라는 형용사이다. 초조한 이유에 대해서 말할 때 전치사 about과 명사, 또는 동명사(-ing)를 써서 나타내면 된다.

Useful Expressions

❶ **I'm nervous about** my report.
보고서 때문에 초조해요.

❷ **I'm nervous about** the entrance exam.
입학 시험 때문에 초조해요.

❸ **I'm nervous about** flying on a plane.
비행기 타는 것 때문에 초조해요.

❹ **I'm nervous about** starting my new job.
새 일을 시작하는 것 때문에 초조해요.

Dialogue & Practice

A : I'm nervous about my wedding.
B : Relax. Everything's gonna be perfect.

A : 결혼식 때문에 초조해요.
B : 진정해요. 모든 게 다 잘 될 거예요.

A : _____. (new changes)
B : Take a deep breath.

A : 새로운 변화들 때문에 초조해요.
B : 숨을 크게 쉬어 보세요.

정답: I'm nervous about new changes.

~에 질리다

Pattern 055 · I'm tired of + 명사/-ing

Basic Expression

I'm tired of chicken. 닭고기에 질렸어요.

be tired of는 '~가 싫증나다, 질리다, 물리다'라는 뜻으로, of 뒤에 명사나 동명사를 붙인다. 동명사(-ing)일 때는 '~하는 것이 질리다'라고 이해하면 된다.

Useful Expressions

❶ **I'm tired of** your complaints.
당신 불평불만에 질렸어요.

❷ **I'm tired of** arguing with you.
당신과 언쟁하는 데 질렸어요.

❸ **I'm tired of** going out with Becky.
베키와 사귀는 데 질렸어요.

❹ **I'm tired of** having the same food.
똑같은 음식을 먹는 데 질렸어요.

Dialogue & Practice

A : My boss always gives me a hard time.
B : Stop! I'm tired of your complaints.

A : 우리 사장은 언제나 나를 힘들게 해요.
B : 그만해요! 당신 불평불만에 질렸어요.

A : Take a good care of Timmy while I'm out.
B : Again? _____. (babysit)

A : 내가 나가 있는 동안 티미 잘 돌봐라.
B : 또요? 난 그 애 보는 거 질렸어요.

I'm tired of babysitting him

~가 지루하다

Pattern 056: I'm bored with + 명사/-ing

Basic Expression

I'm bored with life.　사는 게 지루해요.

be tired of와 거의 유사한 의미로 쓰이는 패턴이 be bored with이다. '~에 질리다, 싫증나다, 지루하다' 라는 뜻을 표현할 수 있다.

Useful Expressions

❶ **I'm bored with** this view now.
이 전망이 이제 질려요.

❷ **I'm bored with** studying.
공부하는 게 지루해요.

❸ **I'm bored with** eating hamburgers.
햄버거 먹는 거에 질렸어요.

❹ **I'm bored with** watching TV all day.
하루 종일 TV 보는 게 지루해요.

Dialogue & Practice

A : I'm bored with eating hamburgers.
B : Try chicken burgers, then.

　A : 햄버거 먹는 데 질렸어요.　　B : 그럼 치킨 버거를 먹어 봐요.

A : _____. (job)
B : Stick with it. It's hard to get a job these days.

　A : 내 일에 질렸어요.
　B : 그냥 꼭 붙어 있어요. 요즘은 직장 구하기 힘들어요.

I'm bored with my job

~가 자랑스럽다

I'm proud of + 명사/-ing

Basic Expression

I'm proud of you. 당신이 자랑스러워요.

'~이 자랑스럽다, 장하다'라는 표현은 'be proud of+명사/-ing' 패턴을 쓰는데, what, how 등의 의문사가 이끄는 명사절(의문사+주어+동사)이 따라오기도 한다.

Useful Expressions

❶ **I'm proud of** myself.
내 자신이 자랑스러워요.

❷ **I'm proud of** my faith.
내 신념이 자랑스러워요.

❸ **I'm proud of** being Korean.
한국인이라는 게 자랑스러워요.

❹ **I'm proud of** what we did.
우리가 한 일이 자랑스러워요.

Dialogue & Practice

A : Mom! I passed the exam!
B : I'm so proud of you!

A : 엄마! 시험에 합격했어요!   B : 네가 정말 자랑스럽구나!

A : _____. (nothing)
B : Don't say that. Everybody envies you.

A : 난 자랑스러운 게 하나도 없어요.
B : 그런 소리 말아요. 모두들 당신을 부러워해요.

답: I'm proud of nothing

~가 부끄럽다

Pattern 058 I'm ashamed of + 명사/-ing

Basic Expression

I'm ashamed of myself. 내 자신이 부끄러워요.

자랑스러운 것과는 반대의 상황으로 '~에 부끄럽다, 창피하다'고 할 때 'I'm ashamed of+명사/-ing' 패턴을 쓸 수 있다. 형용사 ashamed는 그냥 부끄러울 때나 수치스러운 감정이 들 때도 사용한다.

Useful Expressions

❶ **I'm ashamed of** his conduct.
그의 행동이 부끄러워요.

❷ **I'm ashamed of** my ugly hands.
내 못생긴 손이 창피해요.

❸ **I'm ashamed of** the feelings I had.
내가 가졌던 감정들이 부끄러워요.

❹ **I'm ashamed of** being called a specialist.
전문가라고 불리는 게 부끄러워요.

Dialogue & Practice

A : Why did you do that?
B : I don't know. I'm so ashamed of myself.

A : 당신 왜 그랬어요?   B : 모르겠어요. 내 자신이 너무 창피해요.

A : _____. (past)
B : Don't be. Nobody's satisfied with his past.

A : 내 과거가 부끄러워요.
B : 그러지 마세요. 모든 사람들이 자신들의 과거에 만족하지 못해요.

I'm ashamed of my past

~할 준비가 됐어요?

Pattern 059 Are you ready to + 동사원형 ~ ?

Basic Expression

Are you ready to go? 갈 준비 됐어요?

'~할 준비가 되다'라는 뜻으로 'be ready to+동사원형'의 패턴을 쓴다. '~할 준비가 되었어요?'는 의문문이므로 'Are you ready to+동사원형' 패턴을 사용해 보자.

Useful Expressions

❶ **Are you ready to** order?
주문할 준비가 되셨습니까?

❷ **Are you ready to** start?
시작할 준비가 되셨습니까?

❸ **Are you ready to** quit smoking?
담배 끊으실 준비가 됐나요?

❹ **Are you ready to** get married?
결혼할 준비가 되셨어요?

Dialogue & Practice

A : Are you ready to go to school?
B : Yes. I'm ready!

A : 학교 갈 준비가 되었니?
B : 네, 준비됐어요!

A : _____? (meet)
B : No, I don't think I am.

A : 잭을 만날 준비가 됐나요?
B : 아뇨, 아직 안 된 것 같아요.

답: Are you ready to meet Jack

~하려던 참이다

Pattern 060: I'm about to + 동사원형

Basic Expression

I'm about to go out. 나가려던 참이에요.

'~하려던 참이다'라는 뜻으로는 'be about to+동사원형'의 패턴을 쓴다. 주어와 동사를 I'm으로 고정시키고 to부정사를 접목시켜 이 패턴을 연습해 보자.

Useful Expressions

1. **I'm about to leave here.**
   여길 떠나려던 참이에요.

2. **I'm about to call him.**
   그 사람에게 전화하려던 참이에요.

3. **I'm about to eat dinner.**
   막 저녁 먹으려던 참이에요.

4. **I'm about to give it up.**
   포기하기 일보직전이에요.

Dialogue & Practice

A : What are you doing?
B : I'm about to go out.

  A : 지금 뭐 하고 있어요?   B : 막 나가려던 참인데요.

A : Let's have lunch together.
B : Alright. _____. (eat)

  A : 같이 점심 먹어요.
  B : 그래요. 저도 뭘 먹으려던 참이에요.

I'm about to eat something

~하는 것이 틀림없다

I'm sure + 주어 + 동사

Basic Expression

I'm sure he loves me.
그가 나를 사랑하는 게 분명해요.

무엇인가를 확신해서 '틀림없이 ~하다, ~하는 것이 분명하다' 라고 말할 때 'I'm sure (that)+주어+동사' 패턴을 쓴다. that은 생략하고 주어, 동사만 남겨서 쓰는 경우가 많다.

Useful Expressions

❶ I'm sure you can.
  틀림없이 당신은 할 수 있어요.

❷ I'm sure I was drunk.
  나는 틀림없이 취해 있었을 거예요.

❸ I'm sure you have heard of it.
  당신은 틀림없이 그것을 들어 봤어요.

❹ I'm sure it is going to be successful.
  틀림없이 성공적일 거예요.

Dialogue & Practice

A : I just can't do this any more.
B : I'm sure you can.

  A : 그냥 더 이상 못 하겠어요.
  B : 틀림없이 당신은 할 수 있어요.

A : Do you think he will come back?
B : _____. (won't)

  A : 그 사람이 돌아올까요?
  B : 틀림없이 안 올 거예요.

I'm sure he won't

~가 틀림없이 …할 것이다

주어 + be sure to + 동사원형

Basic Expression

He is sure to come.
그는 틀림없이 올 거예요.

'~가 틀림없이 …할 것이다'라는 말은 be sure that 패턴 말고도 'be sure to+동사원형'을 쓸 수 있다. 주어에 따라 be동사도 바꾸어서 말해 보자.

Useful Expressions

❶ She's sure to win.
그녀가 틀림없이 이길 거예요.

❷ You're sure to succeed.
당신은 틀림없이 성공할 거예요.

❸ Mom's sure to allow.
엄마는 틀림없이 허락할 거예요.

❹ Jason's sure to find a job.
제이슨은 분명히 일자리를 찾을 거예요.

Dialogue & Practice

A : Jack is too late.
B : Wait for him. He's sure to come.

A : 잭이 너무 늦네요.
B : 기다려요. 그는 틀림없이 올 거예요.

A : I don't have any phone calls from Mark these days.
B : Don't worry. _____. (call)

A : 요즘은 마크한테서 전화를 한 번도 못 받았어요.
B : 걱정 말아요. 그는 틀림없이 전화할 거예요.

He's sure to call you

정말 ~인가요?

Pattern 063: Are you sure + 주어 + 동사 ~ ?

Basic Expression

Are you sure you want to know?
당신은 정말 알고 싶은 거예요?

'~하는 것이 분명한가?, ~하는 것이 틀림없는가?' 라는 말을 할 때는 be sure that 패턴을 의문형으로 만들면 된다. 'Are you sure (that)+주어+동사~?' 패턴은 '~가 …하는 것이 분명한가?, 정말 ~인가?' 라는 뜻이다.

Useful Expressions

❶ **Are you sure** he is sick?
그 사람 정말 아픈 거 맞나요?

❷ **Are you sure** it is going to rain?
정말 비가 올 거라고 생각해요?

❸ **Are you sure** your dog smiles?
당신은 개가 정말 웃는다고 생각해요?

❹ **Are you sure** he is guilty?
정말 그 사람이 유죄라고 생각해요?

Dialogue & Practice

A : I think I should know the truth.
B : **Are you sure** you want to know?

A : 사실을 알아야 될 것 같아요.
B : 정말 알고 싶어요?

A : Come to my place tonight. I'll cook for you.
B : _____? (can cook)

A : 오늘 밤에 우리 집으로 와요. 요리해 드릴게요.
B : 정말 요리하실 수 있으세요?

Are you sure you can cook

꼭 ~하세요

Be sure to + 동사원형

Basic Expression

Be sure to wear suits. 반드시 정장을 입으세요.

'꼭 ~하라, 반드시 ~하라'고 상대방에게 지시할 때는 be sure to를 명령문으로 만들어 'Be sure to+동사원형' 패턴을 쓰면 된다.

Useful Expressions

Be sure to do your best.
반드시 최선을 다하세요.

Be sure to lock the door.
꼭 문을 잠그세요.

Be sure to check it out.
꼭 확인하세요.

Be sure to pick him up.
그를 꼭 데리러 가세요.

Dialogue & Practice

A : Can I wear jeans?
B : No. Be sure to wear suits.

　A : 청바지 입어도 될까요?
　B : 아니요. 반드시 정장을 입으세요.

A : _____. (contact / this afternoon)
B : I'll make a note of it.

　A : 오늘 오후에 저희한테 꼭 연락하세요.
　B : 메모해 둘게요.

Be sure to contact us this afternoon

당신은 정말 ~하다

Pattern 065 You're so + 형용사

Basic Expression

You're so beautiful. 당신은 정말 아름다워요.

상대방에 대해 칭찬이나 비난할 때, 그리고 상대방의 특징을 묘사할 때는 부사 so를 써서 'You're so+형용사' 패턴으로 간단히 표현할 수 있다.

Useful Expressions

❶ **You're so smart.**
당신은 정말 똑똑해요.

❷ **You're so lovely.**
당신은 정말 사랑스러워요.

❸ **You're so special.**
당신은 정말 특별해요.

❹ **You're so stupid.**
당신은 정말 어리석군요.

Dialogue & Practice

A : You're so beautiful.
B : Thank you for your compliment.

A : 당신은 정말 아름다워요.
B : 칭찬해 주셔서 감사해요.

A : Let me carry this box.
B : Wow! _____. (strong)

A : 제가 이 박스를 옮길게요.
B : 야! 당신 정말 힘세네요.

You're so strong

당신은 정말 ~한 사람이다

You're such a + 형용사 + 명사

Basic Expression

You're such a beautiful lady.
당신은 정말 아름다운 여자예요.

앞에서 배운 'so+형용사'는 'such a+형용사+명사' 패턴으로 바꾸어 말할 수 있다. 즉, You're so beautiful girl.은 You're such a beautiful girl.과 같은 뜻이다.

Useful Expressions

❶ You're such a smart guy.
   당신은 정말 똑똑한 사람이에요.

❷ You're such a lovely girl.
   당신은 정말 사랑스러운 여자예요.

❸ You're such a special person.
   당신은 정말 특별한 사람이에요.

❹ You're such a good man.
   당신은 정말 좋은 사람이에요.

Dialogue & Practice

A : You're such a good man.
B : Please stop saying that.

   A : 당신은 정말 좋은 사람이에요.
   B : 그런 말 그만 하세요.

A : I'd like to help you whenever you need me.
B : _____. (sweet guy)

   A : 제가 필요할 때면 언제라도 도와 드리고 싶어요.
   B : 당신은 정말 자상한 남자예요.

You're such a sweet guy

Pattern 067 주어 + be full of + 명사

~로 가득 차다

Basic Expression

The bus is full of people.
그 버스는 사람들로 꽉 찼어요.

무엇인가 가득 차 있을 때 '주어+be full of+명사' 패턴을 사용하여 말해 보자. 많이 먹어서 배가 꽉 찼다고 할 때도 I'm full. 이라고 말하면 된다.

Useful Expressions

❶ My stomach is full of gas.
내 배가 가스로 꽉 찼어요.

❷ My pocket is full of coins.
내 호주머니가 동전으로 꽉 찼어요.

❸ The bathtub is full of water.
욕조가 물로 가득 찼어요.

❹ Life is full of ups and downs.
인생은 기복이 많아요.

Dialogue & Practice

A : The bus is full of people.
B : Let's take a taxi, then.

　A : 버스가 사람들로 가득해요.
　B : 그럼 택시를 타지요.

A : Look at the sky. _____. (stars)
B : It's so beautiful.

　A : 하늘 좀 봐요. 별로 가득 찼네요.
　B : 정말 아름다워요.

It's full of stars

~로 가득 차다

주어 + **be filled with** + 명사

Basic Expression

The jar is filled with water.
주전자가 물로 가득 찼어요.

'~로 가득 차다'라는 표현은 be full of 외에도 '채우다'라는 동사 fill의 수동태를 써서 '주어+be filled with+명사' 패턴을 써서 표현할 수 있다.

Useful Expressions

❶ The basket is filled with fruits.
바구니가 과일로 가득 찼어요.

❷ This room is filled with bad smell.
이 방은 나쁜 냄새로 가득 찼어요.

❸ Seoul is filled with noises.
서울은 소음으로 가득 차 있어요.

❹ My mailbox is filled with spam.
내 메일 함은 스팸으로 꽉 찼어요.

Dialogue & Practice

A : This room is filled with bad smell.
B : We'd better open all the windows.

A : 이 방은 나쁜 냄새로 가득 찼는데요.
B : 창문을 모두 여는 게 좋겠어요.

A : The traffic is terrible.
B : I know. _____. (street)

A : 교통이 엉망인데요.
B : 그래요. 거리가 차로 가득 찼어요.

The street is filled with cars

~에 가는 길이다

069 주어 + **be on one's way** + to 장소/부사

Basic Expression

I'm on my way home. 집에 가는 길이에요.

one's way에서는 주어에 따라서 격을 달리 하면 되는데, I일 때는 my way, he일 때는 his way와 같은 방법으로 하면 된다. 장소는 대체로 to 다음에 장소를 나타내는 명사를 사용하면 되는데, home이나 there, here 등은 그 자체가 부사로 쓰이기 때문에 to를 붙이지 않는다.

Useful Expressions

❶ I'm on my way there.
거기 가는 길이에요.

❷ I'm on my way to 5th street.
5번가로 가는 길이에요.

❸ My mom is on her way to our school.
엄마가 우리 학교로 오시는 길이에요.

❹ My boss is on his way to the office.
저희 상사께서 사무실로 오는 길이에요.

Dialogue & Practice

A : Where are you now?
B : I'm on my way home.

　A : 지금 어디에요?　　B : 집에 가는 길이에요.

A : Can I see you today?
B : I don't think I can. _____. (Busan)

　A : 오늘 만날 수 있어요?
　B : 안 될 것 같은데요. 지금 부산에 가는 길이에요.

답: I'm on my way to Busan

~로 가는 길에

Pattern 070: 주어 + **on your way** + to 장소/부사

Basic Expression

Close the door on your way out.
나가는 길에 문 좀 닫아 주세요.

'~에 가는 길에 …을 해 달라'고 부탁하는 경우 on one's way를 써서 '동사+on your way to+장소' 패턴을 사용한다. 이 패턴은 말하는 상대에게 쓰기 때문에 on your way로 통일해서 말하면 된다.

Useful Expressions

❶ Pick up my shirt on your way home.
집에 오는 길에 셔츠 좀 찾아와요.

❷ Get some snacks on your way home.
집에 오는 길에 간식 좀 사 와요.

❸ Drop by Jamie's on your way to work.
회사 가는 길에 제이미 집에 좀 들러요.

❹ Return the book on your way to the mall.
상가에 가는 길에 책 좀 반환해 주세요.

Dialogue & Practice

A : Close the door on your way out.
B : No problem.

A : 나가는 길에 문 좀 닫아 주세요.
B : 물론이죠.

A : _____. (turn off / light)
B : Yes, sir.

A : 나가는 길에 불 좀 꺼 주세요.
B : 네.

Turn off the light on your way out

Chapter 03

일반동사 패턴
— 현재시제 —

■ 먹고, 자고, 놀고, 보고, 듣고, 만지고… 이 세상에는 무수한 동사들이 존재합니다. 그 많은 대부분의 동사들을 일반동사라고 부릅니다. 너무나 많은 동사들이라서 굳이 패턴이라고 할 수도 없지만 그 중에서도 다른 문장의 구성원과 함께 패턴화되어 자주 쓰이는 구문들을 추려 보았습니다.
여기에서는 주로 현재의 동작을 나타낼 때 쓰이는 동사들을 골라 모았으므로 이 정도만이라도 알아두면 '영어 잘 하는 사람'으로 인정받을 수 있을 것입니다.

Pattern 071

~하자

Let's + 동사원형

Basic Expression

Let's start! 시작합시다!

'~을 하자'라는 뜻으로 제안하는 상황에서 쓰이는 가장 기본적인 패턴이다. Let's는 Let us의 줄임말이지만 Let us의 의미에 크게 구애받을 필요 없이 관용적으로 '~하자'는 의미로 쓰인다는 것을 알아 두자. 주어는 필요 없으며 Let's 다음에는 동사원형을 사용한다는 것에 유의하자.

Useful Expressions

❶ **Let's** eat now.
이제 먹읍시다.

❷ **Let's** park here.
여기 주차합시다.

❸ **Let's** take a walk.
산책합시다.

❹ **Let's** make a plan.
계획을 세웁시다.

Dialogue & Practice

A : The parking lot is full.
B : There's a space. Let's park here.

  A : 주차장이 꽉 찼어요.
  B : 자리가 있네요. 여기 주차해요.

A : I'm bored.
B : _____. (see a movie)

  A : 심심해요.
  B : 그럼 영화 보러 가요.

Let's go and see a movie

~하지 말자

Let's not + 동사원형

Basic Expression

Let's not run. 뛰지 말자구요.

'~하자'가 Let's 패턴이면, '~하지 말자'는 말은 간단히 not을 Let's 뒤에 붙여서 'Let's not+동사원형'으로 말하면 된다.

Useful Expressions

❶ **Let's not** tell Mom.
엄마한테는 말하지 말자구요.

❷ **Let's not** go out.
외출하지 맙시다.

❸ **Let's not** talk about it.
그것에 대해서는 얘기하지 맙시다.

❹ **Let's not** have lunch.
점심 먹지 맙시다.

Dialogue & Practice

A : Aren't you ready yet?
B : **Let's not** go out. I'm not feeling well.

A : 아직 준비 안 됐어요?
B : 나가지 말아요. 몸이 안 좋아요.

A : I don't want Sara to come to our party.
B : _____. (invite)

A : 새라가 우리 파티에 오는 게 싫어요.
B : 그녀는 초대하지 말자구요.

Let's not invite her

내가 ~하겠다

Let me + 동사원형

Basic Expression

Let me think.   생각 좀 해 볼게요.

동사 let은 '~을 하게 하다', 즉 허가하는 의미로 사용된다. 그러므로 Let me는 '나에게 ~을 하게 해 달라'는 뜻이니까 허락을 구하는 것이 기본적인 목적이지만 '내가 어떤 일을 하겠다'라는 뜻을 예의바르게 표현할 때도 쓰인다.

Useful Expressions

❶ **Let me** call you.
제가 전화 드릴게요.

❷ **Let me** do this.
제가 이걸 할게요.

❸ **Let me** introduce myself.
제 소개를 하겠습니다.

❹ **Let me** take you home.
집에 데려다 줄게요.

Dialogue & Practice

A : How can I reach you?
B : Let me call you.

A : 연락을 어떻게 하면 될까요?
B : 제가 전화 드릴게요.

A : Oh, this box is really heavy!
B : _____. (help)

A : 이 상자가 정말 무거워요!
B : 제가 도와 드릴게요.

Let me help you

~할 건지 알려 주세요

Let me know + 의문사 + 주어 + 동사

Basic Expression

Let me know what you're going to do.
당신은 어떻게 할 건지 알려 주세요.

Let me know 다음에 what, when, why, how, where, when 등의 의문사절(의문사+주어+동사)을 붙여서, '누가 무엇을/언제/어디서/왜/어떻게 ~하는지 알려 달라, 말해 달라'는 패턴을 자주 쓴다.

Useful Expressions

❶ **Let me know** when we should go.
우리가 언제 가야 할지 알려 주세요.

❷ **Let me know** where he is.
그 사람이 어디에 있는지 알려 주세요.

❸ **Let me know** why I can't come in.
내가 왜 못 들어가는지 알려 주세요.

❹ **Let me know** how you do this.
이거 어떻게 하는지 알려 주세요.

Dialogue & Practice

A : Let me know what you're going to do.
B : I haven't decided yet.

  A : 당신은 어떻게 할 건지 알려 주세요.   B : 아직 마음을 못 정했어요.

A : _____. (think)
B : Sorry, I just can't.

  A : 무슨 생각을 하는지 말해 주세요.
  B : 미안하지만 그럴 수가 없어요.

답) Let me know what you're thinking

너의 ~가 맘에 든다

I like your + 명사

Basic Expression

I like your hair. 당신 헤어스타일이 맘에 들어요.

상대방의 모습을 칭찬할 때 '당신의 ~가 맘에 들어요, 당신의 ~가 멋진데요' 라는 뜻으로 쓸 수 있는 'I like your+명사' 패턴을 익혀 보자.

Useful Expressions

❶ **I like your** dress.
당신 원피스가 좋은데요.

❷ **I like your** new bag.
당신 새 가방이 멋지네요.

❸ **I like your** boots.
부츠가 예쁘네요.

❹ **I like your** smile.
당신 웃음이 예쁘네요.

Dialogue & Practice

A : I like your hair.
B : Thank you. I had my hair done yesterday.

A : 헤어스타일이 좋은데요.
B : 고마워요. 어제 머리를 새로 했어요.

A : _____. (new car)
B : Yeah! It cost a lot, though.

A : 당신 새 차가 좋은데요.
B : 그렇죠! 돈이 많이 들긴 했지만요.

I like your new car

~가 어때요?

How do you like my + 명사?

Basic Expression

How do you like my purse?
내 지갑이 어때요?

상대방에게 칭찬 듣고 싶은 목적으로 무엇인가를 보여 주면서 자신의 물건이 어떤지 물어 보는 경우가 많은데, 이때 동사 like를 써서 'How do you like my+명사?' 패턴을 사용하면 된다.

Useful Expressions

❶ **How do you like my** design?
내 디자인이 어때요?

❷ **How do you like my** idea?
내 아이디어가 어때요?

❸ **How do you like my** writing?
내 작문이 어때요?

❹ **How do you like my** Halloween costume?
내 할로윈 의상이 어때요?

Dialogue & Practice

A : How do you like my purse?
B : Looks brand new. It's beautiful.

　　A : 내 지갑이 어때요?
　　B : 새 것 같네요. 예뻐요.

A : _____? (sunglasses)
B : They look good on you.

　　A : 내 선글라스가 어때요?
　　B : 잘 어울리네요.

How do you like my sunglasses

~하는 것을 좋아하다

I like + -ing

Basic Expression

I like shopping. 쇼핑하는 것을 좋아해요.

동사 like는 '좋아하다'는 뜻으로 명사를 목적어로 취하는 경우 '~을 좋아하다'라고 쉽게 말할 수 있는 단어이다. 그런데 '먹는 것을, 놀기를, 자는 것을'처럼 동사를 사용해서 '~하는 것을 좋아하다, ~하기를 좋아하다'라고 하는 경우는, 동사원형에 -ing를 붙여 like와 함께 쓴다.

Useful Expressions

❶ **I like** dancing.
춤추는 것을 좋아해요.

❷ **I like** watching TV.
TV 보는 것을 좋아해요.

❸ **I like** talking with Kate.
케이트와 이야기하는 게 좋아요.

❹ **I like** taking a walk.
걷는 것을 좋아해요.

Dialogue & Practice

A : Are you going to the shopping mall again?
B : Yes, I like shopping.

A : 쇼핑몰에 또 가는 거예요?
B : 네, 저는 쇼핑하는 게 좋아요.

A : What's your hobby?
B : _____. (swim)

A : 취미가 뭐예요?
B : 저는 수영하는 걸 좋아해요.

답: I like swimming

누가 ~하는 방식이 좋다

Pattern 078: I like the way + 주어 + 동사

Basic Expression

I like the way you do. 당신 방식이 좋아요.

'누가 ~하는 방식/방법이 좋다'라고 할 때 쉽게 떠올리기 힘든 단어가 way이다. way는 '길'이라는 뜻 외에도 '방법'이라는 의미가 있고, I like the way의 패턴으로 '~하는 식이 좋다'라는 뜻을 표현할 수 있다.

Useful Expressions

❶ **I like the way** you smile.
당신이 웃는 모습이 좋아요.

❷ **I like the way** he talks.
그 사람 말투가 좋아요.

❸ **I like the way** Jane teaches.
제인이 가르치는 방식이 좋아요.

❹ **I like the way** she treats us.
그녀가 우리를 다루는 방식이 좋아요.

Dialogue & Practice

A : I like the way you smile.
B : Thank you for your praise.

A : 당신이 웃는 모습이 좋아요.   B : 칭찬해 주셔서 감사해요.

A : Sandy looks hot.
B : _____. (wear)

A : 샌디가 아주 근사해 보이네요.
B : 네, 그녀가 옷 입는 방식이 좋아요.

답: Yes, I like the way she wears

~하고 싶다

I'd like to + 동사원형

Basic Expression

I'd like to meet you. 당신을 만나고 싶어요.

'~하고 싶다'의 표현은 몇 가지가 있는데, 실현하기 힘들거나 소원의 규모가 클 때는 wish를 쓰고, 먹고 싶거나 자고 싶다 등등 단순하고 단기간 내에 하고 싶은 일은 'I'd like to+동사원형' 패턴을 쓴다. I want도 쓸 수 있지만 I'd like가 일상적으로 더 자주 쓰인다.

Useful Expressions

❶ **I'd like to** eat meat.
고기를 먹고 싶어요.

❷ **I'd like to** sing with you.
당신과 노래하고 싶어요.

❸ **I'd like to** go see a movie.
영화 보러 가고 싶어요.

❹ **I'd like to** do it right away.
그걸 바로 했으면 좋겠어요.

Dialogue & Practice

A : I'd like to meet you.
B : I'm sorry. I have a boyfriend.

A : 당신을 만났으면 좋겠어요.
B : 죄송해요. 남자 친구가 있어요.

A : _____. (thank)
B : Please don't say that.

A : 당신께 감사드리고 싶어요.
B : 그런 말 마세요.

I'd like to thank you

~하시겠어요?

Pattern 080 Would you like to + 동사원형 ~ ?

Basic Expression

Would you like to eat out?
외식하시겠어요?

'~하고 싶으세요?'는 Do you want to~?라고 물을 수도 있지만 I'd like to의 의문형으로 'Would you like to+동사원형~?'을 많이 쓴다. 주로 예의바르고 정중하게 '~하시겠어요?' 하고 제안할 때 사용한다.

Useful Expressions

❶ **Would you like to** join us?
우리한테 합류하실래요?

❷ **Would you like to** buy something?
뭐 좀 사시겠어요?

❸ **Would you like to** invite your friends?
친구들 초대하실래요?

❹ **Would you like to** have some more?
좀 더 드시겠어요?

Dialogue & Practice

A : Would you like to join us?
B : Yes, we'd like to.

　A : 우리한테 합류하시겠어요?
　B : 네, 그러고 싶네요.

A : _____? (try ~ on)
B : Yes, I would.

　A : 이것 한번 입어 보시겠어요?
　B : 네, 그럴게요.

Would you like to try this on

~하고 싶다

I want to + 동사원형

Basic Expression

I want to cry. 울고 싶어요.

'I want to+동사원형'은 일반적으로 '~하고 싶다'라는 표현을 하기에 가장 무난한 표현이다. 일반적인 회화에서는 want to를 wanna로 붙여서 발음하는 경우가 많으므로 반드시 기억해 두자.

Useful Expressions

❶ **I want to** have some sleep.
잠을 좀 자고 싶어요.

❷ **I want to** take a bath.
목욕하고 싶어요.

❸ **I want to** tell you the truth.
사실을 말씀드리고 싶어요.

❹ **I want to** learn how to drive.
운전하는 법을 배우고 싶어요.

Dialogue & Practice

A : I want to tell you the truth.
B : Go ahead.

A : 사실을 말씀드리고 싶어요.
B : 어서 말해 봐요.

A : Do you want me to leave?
B : _____. (be)

A : 저는 갈까요?
B : 네, 혼자 있고 싶어요.

Yes, I want to be alone

그냥 ~하고 싶었다

I just wanted to + 동사원형

Basic Expression

I just wanted to help you. 그냥 돕고 싶었어요.

'그냥 ~하고 싶었어요'라는 말을 자주 하는데, 이 때 want의 과거형 wanted에 부사 just를 삽입해서 I just wanted to라고 말하면 된다. 의도한 바와 어긋난 결과가 나타났을 때 변명조로 사용하는 표현이다.

Useful Expressions

❶ **I just wanted to** have fun.
그냥 재미있게 놀고 싶었어요.

❷ **I just wanted to** get there fast.
그냥 거기 빨리 가고 싶었어요.

❸ **I just wanted to** be with you.
그냥 당신이랑 같이 있고 싶었어요.

❹ **I just wanted to** make you feel better.
그냥 기분 전환시켜 드리려고 그랬어요.

Dialogue & Practice

A : Why did you hurt her?
B : Don't get me wrong. I just wanted to help her.

A : 왜 그녀에게 상처를 줬어요?
B : 오해하지 마세요. 그냥 도와 주고 싶었던 거예요.

A : Did you tear my shirt on purpose?
B : _____. (unwrap)

A : 내 셔츠를 일부러 찢은 거예요?
B : 아니에요, 포장을 열려고 했을 뿐이에요.

답: No, I just wanted to unwrap it

~하고 싶어요?

Pattern 083: Do you want to + 동사원형 ~ ?

Basic Expression

Do you want to go home? 집에 가고 싶어요?

'~을 하고 싶다'는 I'd like to 또는 I want to를 쓰는데, 무엇인가를 하고 싶은지 물어볼 때는 위의 문장을 의문문으로 만들어 Do you want to ~?, 또는 Would you like to ~?라고 말하면 된다.

Useful Expressions

❶ **Do you want to eat out?**
외식하고 싶어요?

❷ **Do you want to play games?**
게임하고 싶으세요?

❸ **Do you want to call him?**
그 사람에게 전화하고 싶어요?

❹ **Do you want to have a break?**
잠깐 쉬고 싶어요?

Dialogue & Practice

A : Do you want to eat out?
B : Yes, I really do!

A : 외식하고 싶어요?
B : 네, 정말 그러고 싶어요!

A : _____? (out)
B : No, I'd like to stay home.

A : 외출하고 싶으세요?
B : 아니요, 집에 있고 싶어요.

답: Do you want to go out

Pattern 084

I want you to + 동사원형

당신이 ~해 주면 좋겠다

Basic Expression

I want you to be here.
당신이 여기 있어 주면 좋겠어요.

want와 to 사이에 you를 넣으면 '당신이 무엇을 해 주었으면 좋겠다'라는 뜻이 된다. 반복해서 연습하지 않으면 want to 사이에 you라는 목적어만 넣으면 되는 간단한 표현도 어렵게 느껴질 수 있다.

Useful Expressions

❶ **I want you to** leave.
당신이 떠나 주면 좋겠어요.

❷ **I want you to** be with me.
당신이 나와 함께 있어 주면 좋겠어요.

❸ **I want you to** do this for me.
나를 위해 이걸 해 주었으면 좋겠어요.

❹ **I want you to** have some rest.
당신이 휴식을 취했으면 좋겠어요.

Dialogue & Practice

A : I want you to do this for me.
B : What would you do for me, then?

A : 당신이 나를 위해 이걸 해 주면 좋겠어요.
B : 그럼 당신은 나를 위해 무얼 해 줄 건데요?

A : _____. (love)
B : That's impossible. I'm married.

A : 당신이 나를 사랑해 주면 좋겠어요.
B : 그건 불가능해요. 나는 결혼했어요.

I want you to love me

~을 알고 있다

Pattern 085 : I know + 주어 + 동사

Basic Expression

I know I'm right. 내가 맞다는 걸 알고 있어요.

'알다'라는 뜻의 동사는 여러 개가 있으나 일반적으로 가장 많이 쓰이는 것이 know이다. I know 다음에 명사가 와서 I know him.과 같이 쓰일 수도 있지만 'I know that+주어+동사' 패턴으로도 많이 쓰인다. 이 때 that은 생략해서 많이 쓴다.

Useful Expressions

❶ **I know** he will come.
그가 올 거라는 걸 알고 있어요.

❷ **I know** you made a mistake.
당신이 실수했다는 걸 알고 있어요.

❸ **I know** you can do it.
당신이 할 수 있다는 걸 나는 알아요.

❹ **I know** Bill is a good guy.
빌이 좋은 남자라는 거 알고 있어요.

Dialogue & Practice

A : I know you made a mistake.
B : No, it was not my fault.

A : 당신이 실수했다는 거 알아요.
B : 아니에요, 제 잘못이 아니에요.

A : I didn't say anything wrong.
B : _____. (right)

A : 나는 잘못 말한 거 하나도 없어요.
B : 당신이 맞다는 거 알아요.

답: I know you're right

~할지 모르겠다

086 I don't know + 관계사 + to + 동사원형

Basic Expression

I don't know what to do.
어떻게 해야 할지 모르겠어요.

'~할지 모르겠다' 라는 말은 I don't know를 쓰는 일이 많은데, 특히 그 뒤에 what, where, when, who, how 등의 의문사와 to부정사를 붙여서 '무엇을/어디를/언제/누구를/어떻게 ~할지' 라는 뜻을 표현한다.

Useful Expressions

❶ **I don't know** where **to** go.
어디로 가야 할지 모르겠어요.

❷ **I don't know** when **to** water the plants.
언제 화분에 물을 줘야 할지 모르겠어요.

❸ **I don't know** who **to** follow.
누구를 따라가야 할지 모르겠어요.

❹ **I don't know** how **to** handle Sam.
샘을 어떻게 다뤄야 할지 모르겠어요.

Dialogue & Practice

A : I don't know what to do.
B : Let me think about it for a minute.

   A : 어떻게 해야 할지 모르겠어요.
   B : 잠시 생각 좀 해 볼게요.

A : _____. (how)
B : Just use your hand.

   A : 이걸 어떻게 먹어야 할지 모르겠어요.
   B : 손을 써 보세요.

답) I don't know how to eat this

Pattern 087

~라는 거 당신도 알잖아요

You know + 주어 + 동사

Basic Expression

You know I love you.
내가 당신을 사랑하는 거 알잖아요.

구어체에서 you know라는 표현을 삽입해서 말하는 경우가 많은데, 이는 하고자 하는 말을 자연스럽게 꺼내기 위한 장치라고 볼 수도 있다. '있잖아 ~'라고 하는 우리말에 해당한다고 보면 된다.

Useful Expressions

❶ **You know** I am telling the truth.
내가 진실을 말한다는 걸 알고 있잖아요.

❷ **You know** you can do it.
당신은 할 수 있다는 걸 알고 있잖아요.

❸ **You know** you hurt me.
당신이 나에게 상처 줬다는 거 알고 있잖아요.

❹ **You know** it was an accident.
그건 사고였다는 거 알고 있잖아요.

Dialogue & Practice

A : I don't believe you.
B : Come on! You know I'm telling the truth.

  A : 당신 말 못 믿어요.
  B : 이것 봐요! 당신도 내가 진실을 말한다는 걸 알고 있잖아요.

A : _____. (do one's best)
B : I do, but it's a different matter.

  A : 제가 최선을 다했다는 거 아시잖아요.
  B : 알지만 그건 다른 문제예요.

You know I did my best

~는 아무도 모른다

God knows + wh-절

Basic Expression

God knows what may happen.
무슨 일이 일어날지 아무도 몰라요.

영어는 기독교의 영향 때문에 God, Lord, Heaven 등 신을 언급하는 일이 많다. what, where, when 등 wh- 의문사절과 쓰이면 '~는 하느님만 안다', 즉 '~는 아무도 모른다'라는 뜻이다.

Useful Expressions

❶ **God knows** where he is hiding.
그가 어디 숨어 있을지는 아무도 몰라요.

❷ **God knows** what is best.
뭐가 제일 좋은지는 아무도 몰라요.

❸ **God knows** who he is.
그가 누군지는 아무도 몰라요.

❹ **God knows** why she's gone.
그녀가 왜 사라졌는지는 아무도 몰라요.

Dialogue & Practice

A : Where could he be?
B : **God knows** where he is hiding.

    A : 그 사람 어디 있을까요?
    B : 그가 어디 숨어 있을지는 아무도 몰라요.

A : _____. (hide / treasure)
B : How awful!

    A : 그가 어디에 보물을 숨겼는지 아무도 몰라요.
    B : 참 아까운 일이네요!

답: God knows where he hid the treasure

~인 것 같다

I think + 주어 + 동사

Basic Expression

I think she's cute.   그녀는 귀여운 것 같아요.

think는 know와는 차이가 있다. know는 '알다'라는 뜻이지만, think는 '~라고 생각하다, ~인 것 같다'라는 의미이다. 'I think that+주어+동사' 패턴으로도 많이 쓰여서 '누가 무엇 하는 것 같아요, 무엇이 무엇인 것 같아요'와 같은 뜻으로 쓰인다. 여기서도 that은 생략해서 많이 말한다.

Useful Expressions

❶ **I think** you are wrong.
   당신이 틀린 것 같은데요.

❷ **I think** I should go now.
   저 이제 가 봐야 할 것 같아요.

❸ **I think** it is getting late.
   시간이 늦어지는 것 같네요.

❹ **I think** I can give it a try.
   제가 해 볼 만한 것 같아요.

Dialogue & Practice

A : The answer is B.
B : **I think** you're wrong.

  A : 정답은 B예요.
  B : 당신이 틀린 것 같은데요.

A : _____. (be going to rain)
B : Oh, I didn't bring an umbrella today.

  A : 비가 올 것 같은데요.
  B : 아유, 오늘은 우산을 안 갖고 왔는데.

답) I think it's going to rain

~라고 생각해요?

Do you think + 주어 + 동사 ~ ?

Basic Expression

Do you think it's fun? 재미있는 것 같으세요?

'~인 것 같은가?, ~라고 생각하는가?' 라고 물어볼 때 동사 think를 사용해서 Do you think ~? 패턴을 쓸 수 있다. 이 때도 think 다음에 that, 주어와 동사를 붙여서 말할 수 있고, 이 때 that은 생략 가능하다.

Useful Expressions

❶ **Do you think** I look old?
내가 나이 들어 보이는 것 같아요?

❷ **Do you think** he is still a baby?
그 애가 아직도 애기라고 생각해요?

❸ **Do you think** John is doing good?
존이 잘 하고 있는 것 같으세요?

❹ **Do you think** I can be a doctor?
제가 의사가 될 수 있다고 생각하세요?

Dialogue & Practice

A : Do you think it's fun?
B : Not at all.

　A : 재미있는 것 같으세요?
　B : 전혀요.

A : _____ ? (be back)
B : How do I know?

　A : 그녀가 돌아올 거라고 생각하세요?
　B : 제가 어떻게 알겠어요?

Do you think she'll be back

~하는 것을 생각 중이다

I'm thinking of + -ing

Basic Expression

I'm thinking of going to Hawaii.
하와이에 가는 걸 생각 중이에요.

'~하는 것을 생각 중이다'라고 할 때는 'I'm thinking of+-ing' 패턴을 쓴다. think of는 think about과 같은 뜻으로 '~하는 것에 대해 곰곰이 생각하다'라는 의미이다.

Useful Expressions

❶ **I'm thinking of** buying a house.
집을 사는 걸 생각 중이에요.

❷ **I'm thinking of** quitting my job.
직장을 그만두는 걸 생각 중이에요.

❸ **I'm thinking of** staying here.
여기 머물까 생각 중이에요.

❹ **I'm thinking of** starting a business.
사업을 시작하는 걸 생각 중이에요.

Dialogue & Practice

A : Did you make plans for this vacation?
B : Yes. I'm thinking of going to Hawaii.

A : 이번 휴가 때 여행 계획 세웠어요?
B : 네. 하와이에 가는 걸 생각 중이에요.

A : _____. (sell)
B : Why? It's a new one.

A : 차를 파는 걸 생각 중이에요.
B : 왜요? 새 차잖아요.

I'm thinking of selling my car

~에 대해 어떻게 생각해요?

Pattern 092 What do you think of + 명사?

Basic Expression

What do you think of her?
그녀에 대해 어떻게 생각해요?

'~는 어때?', '~가 어떤 것 같아?' 하고 상대방의 의견을 물어볼 때 자주 쓰는 패턴이다. of 대신에 about을 써도 같은 의미이며, of나 about 다음에 명사나 대명사를 가지고 오면 된다.

Useful Expressions

❶ **What do you think of my new shirt?**
내 새 셔츠 어때요?

❷ **What do you think of her sister?**
그녀의 여동생 어때요?

❸ **What do you think of this car?**
이 차 어때요?

❹ **What do you think of marriage?**
결혼에 대해 어떻게 생각해요?

Dialogue & Practice

A : What do you think of my new shirt?
B : It looks good on you.

 A : 내 새 셔츠가 어때요?
 B : 잘 어울리는 것 같아요.

A : _____? (movie)
B : It was really fun.

 A : 그 영화 어떤 것 같아요?
 B : 아주 재미있던데요.

What do you think of the movie

~할 필요가 있다

Pattern 093 — I need to + 동사원형

Basic Expression

I need to know. 내가 알 필요가 있어요.

'~할 필요가 있다'는 뜻으로 'I need to+동사원형' 패턴을 사용한다. I need는 I should와 의미상으로는 유사하지만 약간 완곡하게 표현하는 방법이다.

Useful Expressions

❶ **I need to** take care of him.
   내가 그 사람을 돌봐 줄 필요가 있어요.

❷ **I need to** check that out.
   그걸 확인할 필요가 있어요.

❸ **I need to** see you right now.
   지금 당장 당신을 만날 필요가 있어요.

❹ **I need to** borrow some money.
   돈을 좀 빌릴 필요가 있어요.

Dialogue & Practice

A : I can't tell you.
B : Tell me. I need to know.

  A : 당신한테 말할 수가 없어요.
  B : 말해 주세요. 내가 알 필요가 있어요.

A : Why do you exercise so hard?
B : _____. (lose some weight)

  A : 왜 그렇게 열심히 운동을 해요?
  B : 살을 좀 뺄 필요가 있어요.

답: I need to lose some weight!

너는 ~할 필요 없다

Pattern 094 You don't need to + 동사원형

Basic Expression

You don't need to know.
당신은 알 필요 없어요.

상대방에게 '~할 필요가 없다'는 말을 할 때는 'You don't need to+동사원형'의 패턴을 쓴다. '~할 필요가 없다'는 말은 'You don't have to+동사원형'으로도 나타낼 수 있다.

Useful Expressions

❶ **You don't need to** be there.
당신은 거기에 갈 필요 없어요.

❷ **You don't need to** be a hero.
당신은 영웅이 될 필요는 없어요.

❸ **You don't need to** save money.
돈을 저축할 필요 없어요.

❹ **You don't need to** buy a car.
차를 살 필요 없어요.

Dialogue & Practice

A : Do I have to go to the party?
B : You don't need to be there if you don't want to.

　A : 그 파티에 제가 꼭 가야 되나요?
　B : 그러고 싶지 않으면 거기 가실 필요 없어요.

A : Do you think I have to apologize?
B : _____. (say sorry)

　A : 내가 사과를 해야 할까요?
　B : 당신은 그 사람한테 사과할 필요 없어요.

You don't need to say sorry to him

내 말은 ~

I mean + 주어 + 동사

Basic Expression

I mean I love you. 내 말은 당신을 사랑한다는 거예요.

자신이 했던 말에 대해서 '내 말은 ~' 하고 부연 설명을 붙이는 경우, 'I mean+(that)+주어+동사' 패턴을 쓴다. mean은 '의미하다, 의도하다' 라는 뜻의 동사로, '내가 어떠어떠한 뜻을 가지고 말한 것이다' 라는 뜻으로 쓰이는 패턴이다.

Useful Expressions

❶ **I mean I am not like you.**
내 말은 나는 당신하고는 다르다는 말이에요.

❷ **I mean you should be careful.**
내 말은 당신 좀 조심해야 된다는 뜻이에요.

❸ **I mean she is going to leave you.**
내 말은 그녀가 당신을 떠날 거라는 거예요.

❹ **I mean I am done with you.**
내 말은 당신하고는 끝이라는 말이에요.

Dialogue & Practice

A : What do you mean by that?
B : I mean I'm not like you.

A : 그게 무슨 말이에요?   B : 내 말은 나는 당신과는 다르다는 말이에요.

A : What are you talking about?
B : _____. (be in love)

A : 당신, 그거 무슨 말이에요?
B : 내 말은 그녀가 댄과 사랑에 빠졌다는 말이에요.

I mean she's in love with Dan

내 말 뜻은 ~

Pattern 096 What I mean is + 주어 + 동사

Basic Expression

What I mean is I'm broke.
내 말은 내가 빈털터리라는 말이에요.

'내 말은 ~라는 것이다' 라고 할 때 I mean 패턴을 쓸 수도 있지만, 'What I mean is+(that)+주어+동사' 의 패턴도 쓸 수 있다.

Useful Expressions

❶ **What I mean is** I don't believe him.
내 말은 나는 그를 믿지 않는다는 거예요.

❷ **What I mean is** Tim is in jail.
내 말은 팀이 감옥에 갇혔다는 거예요.

❸ **What I mean is** he changed his mind.
내 말은 그가 마음을 바꾸었다는 거예요.

❹ **What I mean is** he is a lonely man.
내 말은 그는 외로운 사람이라는 거예요.

Dialogue & Practice

A : What I mean is I'm broke.
B : I thought you're a rich guy.

　A : 내 말은 내가 빈털터리라는 말이에요.
　B : 난 당신이 부자인지 알았어요.

A : What are you talking about?
B : _____. (run away)

　A : 당신, 무슨 말 하는 거예요?
　B : 내 말은 당신이 도망가야 한다는 거예요.

What I mean is you should run away

~한 것 같다

I feel + 형용사

Basic Expression

I feel sick. 아픈 것 같아요.

자신의 감정이나 건강 상태에 대해서 얘기할 때 'I feel+감정 형용사' 패턴을 쓰면 '~하게 느껴진다, ~한 것 같다' 라는 의미로 쓸 수 있다. I feel sick. 또는 I don't feel well.은 '몸이 좋지 않다' 는 뜻이다.

Useful Expressions

❶ **I feel** blue.
  우울해요.

❷ **I feel** dizzy.
  어지러운 것 같아요.

❸ **I feel** much better.
  (몸이) 훨씬 좋아졌어요.

❹ **I feel** useless.
  제가 무용지물처럼 느껴져요.

Dialogue & Practice

A : Are you okay?
B : I don't think so. I feel dizzy.

  A : 괜찮으세요?
  B : 안 그런 것 같아요. 어지러워요.

A : Close your eyes. How do you feel?
B : _____. (comfortable)

  A : 눈을 감아 보세요. 느낌이 어때요?
  B : 편안한 느낌이에요.

I feel comfortable

~때문에 …한 느낌이 든다

Pattern 098 : 주어 + **make me feel** + 형용사

Basic Expression

You **make me feel** sad. 당신 때문에 슬퍼요.

자신의 의도가 아니라 타인이나 어떤 물건, 상황 때문에 감정의 변화가 생길 때 '주어+make me feel+형용사' 패턴을 써서 '~가 나를 …한 느낌이 들게 만든다, ~때문에 …한 느낌이다'라는 말을 할 수 있다.

Useful Expressions

❶ That **makes me feel** good.
그것 때문에 기분이 좋아져요.

❷ The music **makes me feel** relaxed.
저 음악을 들으니 편안해요.

❸ The sound **makes me feel** nervous.
저 소리가 신경을 곤두세우네요.

❹ My job **makes me feel** alive.
내 일 때문에 활기가 생겨요.

Dialogue & Practice

A : You look much better now.
B : Yes. The music **makes me feel** relaxed.

A : 이제 좀 괜찮아진 것 같아 보여요.
B : 네. 저 음악을 들으니 편안하네요.

A : You're so important to me.
B : Thank you. _____. (precious)

A : 당신은 내게 정말 중요한 사람이에요.
B : 고마워요. 당신 덕분에 내가 소중한 느낌이 들어요.

You make me feel precious

~할 것 같다

Pattern 099   I feel like + 명사/-ing

Basic Expression

I feel like crying.   눈물이 날 것 같아요.

'I feel like+명사/-ing' 패턴은 '~할 것만 같다, ~인 것 같다'라는 뜻이다. 동사를 쓰는 경우는 원형에 -ing를 붙여 동명사를 만든다. 이 때는 '~할 것 같다'는 뜻이다. 명사를 쓰는 경우는 '내가 ~인 것처럼 느껴진다'라고 해석한다.

Useful Expressions

❶ **I feel like** throwing up.
   토할 것 같아요.

❷ **I feel like** dancing.
   춤추고 싶은 느낌이에요.

❸ **I feel like** a millionaire.
   백만장자가 된 느낌이에요.

❹ **I feel like** a new person these days.
   요즘 새 사람이 된 느낌이에요.

Dialogue & Practice

A : Listen to this song.
B : Wow! I feel like dancing!

   A : 이 노래 좀 들어 봐.
   B : 와! 춤추고 싶은데!

A : You look hungry.
B : Yeah. _____. (eat)

   A : 배가 고파 보이는데요.
   B : 네. 뭔가 먹고 싶네요.

I feel like eating something

~하는 것 같은 느낌이다

I feel like I + 동사

Basic Expression

I feel like I know her. 내가 아는 여자 같아요.

'I feel like+-ing' 패턴과 같은 의미지만, 조금 더 상세한 정보를 전달해야 하는 경우, -ing 형태 대신 주어와 동사를 모두 넣어 'I feel like+주어+동사'로 말할 수 있다.

Useful Expressions

❶ I feel like I could fly.
날 것 같은 느낌이에요.

❷ I feel like I got famous.
유명해진 것 같은 느낌이에요.

❸ I feel like I am left alone.
혼자 남겨진 느낌이에요.

❹ I feel like I am a bad girl.
내가 나쁜 여자 같아요.

Dialogue & Practice

A : Look at the girl with a pretty face.
B : Wait! I feel like I know her.

A : 얼굴이 예쁘장한 저 여자 좀 봐요.
B : 잠깐! 내가 아는 여자 같아요.

A : How do you feel with make-up on?
B : _____. (grown-up)

A : 화장을 하니까 어때요?
B : 어른이 된 것 같은 기분이에요.

I feel like I am a grown-up

~해 보인다

You look + 형용사

Basic Expression

You look beautiful. 아름다우세요.

look은 at과 함께 써서 '~을 보다'라는 뜻도 있지만 누군가의 모습이나 표정에 대해 '어떠해 보인다'라고 평하는 경우에도 형용사 look을 써서 나타낼 수 있다.

Useful Expressions

❶ **You look** gorgeous.
  정말 근사해 보여요.

❷ **You look** familiar.
  낯이 익어 보여요.

❸ **You look** under the weather.
  기운이 없어 보여요.

❹ **You look** much younger in that dress.
  그 옷을 입으니 훨씬 어려 보여요.

Dialogue & Practice

A : How do I look?
B : Wow! You look gorgeous!

  A : 나 어때요?
  B : 와! 정말 근사해 보여요!

A : _____. (awful)
B : I know. I need a hot bath.

  A : 정말 형편 없어 보이시네요.
  B : 알아요. 뜨겁게 목욕 좀 해야 돼요.

You look awful.

~을 보세요

Take a look at + 명사

Basic Expression

Take a look at this. 이것 좀 보세요.

'~을 보다'라고 할 때는 'look at+명사', 또는 'take a look at+명사' 패턴을 사용한다. look at에서의 look은 자동사로 쓰였기 때문에 바로 목적어를 쓸 수 없고 전치사 at을 반드시 수반해야 된다.

Useful Expressions

❶ **Take a look at** yourself.
자기 자신을 좀 보세요.

❷ **Take a look at** the painting.
저 그림 좀 보세요.

❸ **Take a look at** the news.
저 뉴스 좀 보세요.

❹ **Take a look at** my works.
내 작품 좀 보세요.

Dialogue & Practice

A : Take a look at the news.
B : Why? Something happened?

  A : 저 뉴스 좀 보세요.
  B : 왜요? 무슨 일 났어요?

A : Raise your head and _____. (eyes)
B : I just can't. You look too beautiful.

  A : 머리를 들고 내 눈을 보세요.
  B : 그럴 수가 없어요. 당신은 너무 예뻐요.

take a look at my eyes

~을 찾다

I'm looking for + 명사

Basic Expression

I'm looking for something. 뭘 좀 찾고 있어요.

look for는 '~을 찾다'는 말로, 'I'm looking for+명사'처럼 주로 진행형으로 많이 쓰인다. 주의할 점은 동사 find나 look for는 모두 '찾다'로 번역되지만, 찾는 과정을 얘기할 때는 look for, 찾아낸 결과를 말할 때는 find를 써야 한다.

Useful Expressions

❶ **I'm looking for** my keys.
내 열쇠를 찾고 있어요.

❷ **I'm looking for** a simple way.
간단한 방법을 찾고 있어요.

❸ **I'm looking for** a job.
일자리를 찾고 있어요.

❹ **I'm looking for** a boyfriend.
남자 친구를 찾고 있어요.

Dialogue & Practice

A : What are you doing?
B : I'm looking for something.

A : 뭐 하고 있어요?
B : 뭘 좀 찾고 있어요.

A : Who are you looking for?
B : _____. (my son)

A : 누구를 찾으시는 거예요?
B : 제 아들을 찾고 있어요.

I'm looking for my son

~을 기대하다

104 I'm looking forward to +명사/-ing

Basic Expression

I'm looking forward to seeing you soon.
당신을 곧 뵐 수 있기를 기대합니다.

'~을 기대하다'라고 할 때 look forward to라는 표현을 쓴다. look은 '보다', forward는 '앞으로'라는 뜻이므로 '앞 쪽을 보다'는 뜻에서 '기대하다, 바라다'는 의미가 되었으며, 주로 진행형으로 쓰인다.

Useful Expressions

❶ **I'm looking forward to** hearing from you.
당신에게서 소식 듣기를 기대해요.

❷ **I'm looking forward to** visiting him.
그분을 찾아뵙는 게 기대돼요.

❸ **I'm looking forward to** Christmas.
크리스마스를 기대해요.

❹ **I'm looking forward to** our trip.
우리 여행을 기대해요.

Dialogue & Practice

A : I'm looking forward to Christmas.
B : I am, too.

  A : 크리스마스가 기대돼요.   B : 나도 그래요.

A : _____. (meet)
B : Yes, you will be good friends.

  A : 우리는 스미스 씨를 만나뵙기를 기대하고 있어요.
  B : 네, 당신들은 좋은 친구가 될 수 있을 거예요.

We're looking forward to meeting Mr. Smith.

당신은 ~하는 것 같아 보인다

You seem to + 동사원형

Basic Expression

You seem to be happy. 당신은 행복해 보이네요.

동사 seem 역시 look처럼 '~해 보이다'라는 뜻으로, You seem happy., You look happy.처럼 말할 수도 있고, 'You seem to+동사원형' 패턴을 써서 You seem to be happy.라고 말할 수도 있다.

Useful Expressions

❶ **You seem to** be busy.
당신은 바빠 보이네요.

❷ **You seem to** know a lot.
당신은 아는 게 많은 것 같군요.

❸ **You seem to** understand him.
그 사람을 이해하는 것 같군요.

❹ **You seem to** find out the answer.
답을 알아내신 것 같군요.

Dialogue & Practice

A : **You seem to** know a lot.
B : Well, I try to learn anything.

A : 아는 게 많으신 것 같아요. B : 뭐, 뭐든지 배우려고 노력하죠.

A : Let's go to see the Bon Jovi concert.
B : _____. (be interested in / rock)

A : 본 조비 콘서트를 보러 가요.
B : 록 음악에 관심이 있어 보이는군요.

답: You seem to be interested in rock music

~가 있는 것 같다

There seems to be + 명사

Basic Expression

There seems to be a problem.
문제가 있는 것 같아요.

'있다, 없다'는 의미의 유도부사 there와 동사 seem을 결합하여 'There seems to be+명사'의 패턴으로 '~가 있는 것 같이 보인다'라는 말을 표현할 수 있다.

Useful Expressions

❶ **There seems to be** no need to hurry.
서두를 필요가 없어 보이는데요.

❷ **There seems to be** more behind the story.
그 이야기 속에 더 많은 게 숨어 있는 것 같은데요.

❸ **There seems to be** a serious mistake here.
여기에 심각한 실수가 있어 보여요.

❹ **There seems to be** some misunderstandings.
오해가 있는 것 같군요.

Dialogue & Practice

A : Wait. There seems to be a problem.
B : Are you sure? What can it be?

A : 잠깐만요. 문제가 있어 보이는데요.　B : 확실해요? 그게 뭘까요?

A : _____. (gap / between us)
B : I can't agree with that.

A : 우리한테는 차이가 있는 것 같아요.
B : 그 말에는 찬성할 수 없는데요.

There seems to be a gap between us

~해서 고맙다

Thank you for + 명사/-ing

Basic Expression

Thank you for your help. 도와 줘서 고마워요.

고마움을 표하는 표현으로 Thank you.를 쓰는 것은 잘 알고 있을 것이다. '~해서 고맙다'는 감사의 이유를 표현할 때는 전치사 for와 함께 명사나 동명사(-ing)를 써서 나타낸다.

Useful Expressions

① **Thank you for** your advice.
조언해 주셔서 고마워요.

② **Thank you for** the meal.
식사 감사해요.

③ **Thank you for** saving my life.
살려 주셔서 고마워요.

④ **Thank you for** driving me home.
집에 (차로) 데려다 주셔서 고마워요.

Dialogue & Practice

A : **Thank you for** your help.
B : My pleasure.

　A : 도와 주셔서 감사해요.
　B : 천만에요.

A : _____. (invite)
B : No need to thank me.

　A : 저를 초대해 주셔서 고맙습니다.
　B : 나한테 고마워하실 필요 없어요.

Thank you for inviting me

~에 감사하다

I appreciate + 명사

Basic Expression

I appreciate it. 감사합니다.

'고맙다'는 뜻으로 동사 thank를 쓸 수도 있지만, 격식을 차려야 하거나 공손하게 말해야 하는 상황에서는 appreciate라는 동사를 써 보자. 더 공손히 말할 때는 조동사 would를 삽입해서 I would appreciate으로 말해도 좋다.

Useful Expressions

❶ **I appreciate** all that.
그 모든 것에 감사드려요.

❷ **I appreciate** your kindness.
친절에 감사드려요.

❸ **I appreciate** your understanding.
이해해 주셔서 감사드립니다.

❹ **I appreciate** your supporting.
응원해 주셔서 감사드려요.

Dialogue & Practice

A : I appreciate your kindness.
B : Don't mention it.

   A : 친절에 감사드립니다.
   B : 그런 말씀 마세요.

A : _____. (concern)
B : My pleasure.

   A : 걱정해 주셔서 고마워요.
   B : 아니에요.

Thank you for your concern

~해서 미안하다

Sorry for + 명사/-ing

Basic Expression

Sorry for my mistake. 실수해서 미안해요.

Thank you for와 마찬가지로 'Sorry for+명사/-ing' 패턴은 문두에 I'm이 생략되어 '~해서 미안하다'라는 미안함의 이유까지 함께 밝힐 때 쓰는 패턴이다.

Useful Expressions

❶ **Sorry for** the trouble.
번거롭게 해서 미안해요.

❷ **Sorry for** taking your time.
당신 시간을 빼앗아서 미안해요.

❸ **Sorry for** calling this late.
이렇게 늦게 전화해서 미안해요.

❹ **Sorry for** yelling at you.
당신한테 고함질러서 미안해요.

Dialogue & Practice

A : Sorry for my mistake.
B : It's okay. Everybody makes mistakes.

　A : 실수해서 미안해요.
　B : 괜찮아요. 누구나 실수하는 법이에요.

A : _____. (break / glasses)
B : No big deal.

　A : 안경을 깨뜨려서 미안해요.
　B : 별일 아니에요.

Sorry for breaking your glasses

~을 사과드립니다

I apologize for + 명사/-ing

Basic Expression

I apologize for the inconvenience.
불편하게 해 드려서 죄송합니다.

우리나라 말에서도 '미안하다'는 의미를 더욱 공손히 전할 때 '사과하다'라는 표현을 쓰는 것처럼 영어에서도 sorry 대신 apologize라는 동사를 쓴다.

Useful Expressions

① **I apologize for** the interruption.
방해해서 죄송합니다.

② **I apologize for** my lateness.
늦어서 죄송합니다.

③ **I apologize for** ruining your shirt.
셔츠를 망가뜨려서 사과드립니다.

④ **I apologize for** stepping on your feet.
발을 밟아서 죄송합니다.

Dialogue & Practice

A : I apologize for the inconvenience.
B : It's all right with me.

A : 불편하게 해 드려서 죄송합니다.
B : 저는 괜찮습니다.

A : _____. (my fault)
B : It's all right with me.

A : 잘못해서 죄송합니다.
B : 저는 괜찮습니다.

답: I apologize for my fault

~해서 미안하다

Sorry to + 동사원형

Basic Expression

Sorry to hear that.
그 얘기를 들어서 유감이군요.

'~해서 미안하다'라는 뜻으로 동사를 사용하는 경우는 전치사 for 대신 'I'm sorry to+동사원형' 패턴을 써서 나타낸다. I'm sorry to hear that.에서 sorry는 '미안하다'는 의미와는 조금 차이가 있는데, 여기에서처럼 '유감스러운'이라는 뜻으로 쓰인다는 것도 함께 알아 두자.

Useful Expressions

❶ **Sorry to** hurt you.
상처 입혀서 미안해요.

❷ **Sorry to** trouble you.
번거롭게 해서 죄송해요.

❸ **Sorry to** make you upset.
기분 나쁘게 해서 죄송해요.

❹ **Sorry to** keep you waiting.
계속 기다리게 해서 죄송해요.

Dialogue & Practice

A : **Sorry to** trouble you.
B : It's all right with me.

A : 번거롭게 해서 죄송해요.
B : 저는 괜찮아요.

A : _____. (tell)
B : It's not your fault.

A : 이런 말씀 드려서 죄송해요.
B : 당신 잘못이 아닌데요.

Sorry to tell you this

Pattern 112

미안하지만 ~

I'm sorry, but + 주어 + 동사

Basic Expression

I'm sorry, but I can't. 미안하지만 할 수 없어요.

누군가 부탁이나 명령을 했을 때 '미안하지만 ~' 하면서 난색을 표현하는 경우에 쓸 수 있는 패턴으로, but 다음에 문장(주어+동사)이 따라 나온다.

Useful Expressions

❶ **I'm sorry, but** I had to do it.
미안하지만 그렇게 해야 했어요.

❷ **I'm sorry, but** I don't get it.
미안하지만 이해를 못 하겠어요.

❸ **I'm sorry, but** it is over.
미안하지만 다 끝났어요.

❹ **I'm sorry, but** you have the wrong number.
미안하지만 전화를 잘못 하셨어요.

Dialogue & Practice

A : Please lend me some money.
B : I'm sorry, but I can't.

A : 돈 좀 빌려 주세요.   B : 미안하지만 그럴 수 없어요.

A : Can I take your time?
B : _____. (pretty busy)

A : 시간 좀 내 주실래요?
B : 미안하지만 지금 많이 바빠요.

I'm sorry, but I'm pretty busy now

왜 ~인지 궁금하다

I wonder why + 주어 + 동사

Basic Expression

I wonder why she's nervous.
그녀가 왜 불안한지 궁금해요.

wonder는 '놀라다, 경탄하다'라는 뜻도 있지만 다음에 why를 붙여 'I wonder why+주어+동사' 패턴을 쓰면 '왜 ~인지 생각 중이다, 궁금하다'라는 의미가 된다.

Useful Expressions

① **I wonder why** you did this.
당신이 왜 이랬는지 궁금해요.

② **I wonder why** she is gone.
그녀가 왜 가 버렸는지 궁금해요.

③ **I wonder why** they broke up.
그들이 왜 헤어졌는지 궁금해요.

④ **I wonder why** he decided to give up.
그가 왜 포기하려고 결심했는지 궁금해요.

Dialogue & Practice

A : Sara doesn't look good.
B : Yes. **I wonder why** she's nervous.

  A : 새라가 기분이 안 좋아 보이는데요.
  B : 네. 그녀가 왜 불안한지 궁금해요.

A : _____. (smile)
B : He has a problem with his teeth.

  A : 그는 왜 안 웃는지 궁금해요.
  B : 그 사람은 이에 문제가 있거든요.

I wonder why he doesn't smile

~인지 궁금하다

I wonder if + 주어 + 동사

Basic Expression

I wonder if it's still raining.
아직 비가 오는지 궁금하네요.

wonder 다음에 wh-절 이외에도 if절이 따라 나와서 'I wonder if+주어+동사' 패턴을 쓸 수 있는데, 이 때는 '~인지 궁금하다' 라는 뜻이다.

Useful Expressions

❶ **I wonder if** he likes me.
그가 나를 좋아하는지 궁금해요.

❷ **I wonder if** she is popular.
그녀가 인기 있는지 궁금해요.

❸ **I wonder if** he can come.
그가 올 수 있는 건지 궁금해요.

❹ **I wonder if** you have anything cheaper.
더 싼 게 있는지 궁금하네요.

Dialogue & Practice

A : I wonder if it's still raining.
B : No, it's getting clear.

　A : 아직 비가 오는지 모르겠네요.
　B : 아니요, 날씨가 개고 있는데요.

A : _____. (meet)
B : Finally, yes.

　A : 해리가 쎌리를 만났는지 모르겠네요.
　B : 결국 그랬죠.

답: I wonder if Harry met Sally

~인 것 같다

I guess + 주어 + 동사

Basic Expression

I guess you're right. 당신이 맞는 것 같아요.

guess는 '짐작하다, 추측하다' 라는 뜻으로, 'I guess+주어+동사' 패턴은 '내가 짐작하기로는 ~이다' 라는 의미인데, 실지로는 I think와 유사하게 사용되어 '~라고 생각된다, ~인 것 같다' 라는 뜻으로 해석하면 된다.

Useful Expressions

❶ **I guess** I am not ready yet.
난 아직 준비가 안 된 것 같아요.

❷ **I guess** I am old-fashioned.
내가 구식인가 봐요.

❸ **I guess** it can happen.
그런 일이 일어날 수 있다고 봐요.

❹ **I guess** he didn't go there.
그가 거기 안 갔을 거라 생각해요.

Dialogue & Practice

A : Dora seems to like Jason.
B : **I guess** you're right.

A : 도라가 제이슨을 좋아하는 것 같아요.
B : 당신이 맞는 것 같아요.

A : _____. (I'd better)
B : Please stay a few more minutes.

A : 저는 이제 가는 게 좋을 것 같아요.
B : 몇 분만 더 있다 가세요.

I guess I'd better go now

~인지 맞춰 봐요

Guess what + 주어 + 동사

Basic Expression

Guess what I have. 내가 뭘 갖고 있는지 맞춰 봐요.

'Guess what+주어+동사'는 '~가 무엇을 하는지 생각해 봐라', 즉 '맞춰 보라'는 뜻이다. what 이외에 who, where, when, why, how 등을 써서 '누가, 어디서, 언제, 왜, 어떻게 ~하는지 맞춰 보라'는 뜻으로 사용할 수 있다.

Useful Expressions

❶ **Guess what** I have in mind.
내가 무슨 생각하고 있는지 맞춰 봐요.

❷ **Guess what** I did last night.
내가 어젯밤에 뭐 했는지 맞춰 봐요.

❸ **Guess what** he said.
그가 무슨 말 했는지 맞춰 봐요.

❹ **Guess what** this game is about.
이 게임이 뭐에 관한 건지 맞춰 봐요.

Dialogue & Practice

A : **Guess what** I did last night.
B : Why? Did you do something special?

  A : 내가 어젯밤에 뭐 했는지 맞춰 봐요.
  B : 왜요? 뭐 특별한 일이라도 했어요?

A : _____. (be wearing)
B : What? A short skirt?

  A : 그녀가 뭘 입고 있는지 맞춰 봐요.
  B : 뭐요? 짧은 치마?

답: Guess what she's wearing

~한 것을 기억하다

I remember + 주어 + 동사

Basic Expression

I remember you said that.
당신이 그렇게 말했던 것을 기억해요.

remember 다음에는 that이나 wh-절 모두 올 수 있는데, 'I remember +(that)+주어+동사' 패턴은 '~가 …한 것을 기억한다' 라는 뜻으로 자주 쓰인다.

Useful Expressions

❶ **I remember** he was smart.
그 사람이 똑똑했던 거 기억하고 있어요.

❷ **I remember** the dog had no tail.
그 개가 꼬리가 없었던 게 기억나요.

❸ **I remember** Cathy liked Chris.
캐시가 크리스를 좋아했던 거 기억해요.

❹ **I remember** the door was broken.
문이 부서져 있었던 게 기억나요.

Dialogue & Practice

A : I remember you said that.
B : It was just a joke. Just forget it.

A : 당신이 그 말 했던 거 기억하고 있어요.
B : 그건 그냥 농담이었어요. 그냥 잊어버려요.

A : We used to fight a lot when we were kids.
B : Yes. _____. (bite)

A : 우리 어릴 때는 참 많이 싸웠었잖아.
B : 맞아. 네가 날 물었던 거 기억하고 있어.

I remember you bit me

~할 것을 기억한다

I remember to + 동사원형

Basic Expression

I remember to lock the door.
문 잠그는 거 기억하고 있어요.

remember 다음에는 to부정사나 -ing가 오는데, 'I remember to+동사원형'은 '~해야 할 것을 기억한다'이지만, 'I remember+-ing'는 과거에 '~했던 것을 기억한다'이므로 상황에 따라 구별해서 사용해야 한다.

Useful Expressions

❶ **I remember to** fax this paper.
이 문서를 팩스 보내야 하는 거 기억하고 있어요.

❷ **I remember to** go to see the doctor.
병원에 가는 거 기억하고 있어요.

❸ **I remember to** pick you up.
당신을 데리러 갈 거 기억하고 있어요.

❹ **I remember to** take my medicine.
약 먹는 거 기억하고 있어요.

Dialogue & Practice

A : Do you know what you should do?
B : Yes. **I remember to** lock the door.

A : 뭐 해야 되는지 알고 있어요?
B : 네. 문 잠그는 거 기억하고 있어요.

A : Don't forget things you should do today.
B : Don't worry. _____. (buy / books)

A : 오늘 해야 할 일 잊지 마세요.
B : 걱정 마세요. 당신한테 책 사다 주는 거 기억하고 있어요.

I remember to buy you books

~할 게 있다

Pattern 119 I have something to + 동사원형

Basic Expression

I have something to tell you.
당신한테 말할 게 좀 있어요.

'~할 게 있다' 라고 할 때, there is 패턴을 쓰지 않고 have 동사를 써서 'I have something to+동사원형' 패턴으로 말할 수 있다. something 대신 much나 a lot을 써서 '~할 것이 많다' 라고도 표현할 수 있다.

Useful Expressions

❶ **I have something to** give you.
당신한테 줄 게 있어요.

❷ **I have something to** do this afternoon.
오늘 오후에 할 일이 있어요.

❸ **I have something to** show him right now.
지금 당장 그에게 보여 줘야 될 게 있어요.

❹ **I have something to** buy my mom.
엄마에게 사 드려야 될 게 있어요.

Dialogue & Practice

A : I have something to tell you.
B : Go ahead.

A : 당신한테 할 말이 있어요.   B : 해 보세요.

A : I'm so hungry. I didn't eat anything today.
B : Wait a minute. _____. (eat)

A : 나 너무 배고파요. 오늘 아무것도 못 먹었어요.
B : 잠깐만 있어 봐요. 나한테 먹을 게 좀 있어요.

답: I have something to eat

Pattern 120

~가 하나도 없다

I have nothing to + 동사원형

Basic Expression

I have nothing to wear.
입을 게 하나도 없어요.

have something to가 '~할 게 있다'면 반대로 '~할 게 없다'는 말은 something을 nothing으로 바꾸어 말하면 된다.

Useful Expressions

❶ **I have nothing to** say.
할 말이 없어요.

❷ **I have nothing to** worry about.
저는 걱정할 게 하나도 없어요.

❸ **I have nothing to** fear.
저는 무서운 게 하나도 없어요.

❹ **I have nothing to** complain.
나는 불평할 거리가 없어요.

Dialogue & Practice

A : Why are you looking inside the closet?
B : I have nothing to wear.

A : 옷장 안을 왜 그렇게 들여다보고 있어요?
B : 입을 옷이 하나도 없어요.

A : Just tell me what happened last night.
B : Sorry. _____. (talk about)

A : 어젯밤에 무슨 일이 있었는지 좀 얘기해 봐요.
B : 미안해요. 그것에 대해선 할 말이 없어요.

I have nothing to talk about it

~하는 것을 멈출 수 없다

I can't stop + -ing

Basic Expression

I can't stop talking. 말을 멈출 수가 없네요.

stop은 '~하는 것을 멈추다'라는 동사로, 'I can't stop+-ing' 패턴으로 자주 쓰이는데, '~을 멈출 수 없다'라는 말이다. stop 다음에 to부정사가 올 때도 있는데, 이 때는 '~하는 것을 멈추다'가 아니고 '~을 하기 위하여 멈추다'라는 뜻이라는 것도 알아 두자.

Useful Expressions

1. **I can't stop** crying.
   눈물을 멈출 수가 없네요.

2. **I can't stop** coughing.
   기침을 멈출 수가 없네요.

3. **I can't stop** smiling.
   웃음을 멈출 수가 없어요.

4. **I can't stop** thinking about you.
   당신 생각을 그만둘 수가 없어요.

Dialogue & Practice

A : Sorry, I can't stop talking.
B : It's okay. It's fun.

A : 죄송해요. 말을 멈출 수가 없네요.   B : 괜찮아요. 재미있네요.

A : _____. (smoke)
B : I think you should. There's nothing good about smoking.

A : 담배를 끊을 수가 없어요.
B : 끊어야 될 거 같아요. 담배는 백해무익해요.

답: I can't stop smoking

Pattern 122

~을 참을 수 없다

I can't stand + 명사/-ing

Basic Expression

I can't stand him. 그 사람을 참을 수가 없어요.

stand는 '일어서다'라는 뜻으로만 알고 있는 경우가 많은데, I can't stand 패턴에서처럼 부정문에서 '~을 참을 수 없다, 못 참겠다'는 뜻으로 자주 쓰인다.

Useful Expressions

❶ **I can't stand** the pain.
고통을 참을 수가 없어요.

❷ **I can't stand** it any more.
더 이상은 못 참겠어요.

❸ **I can't stand** the way he talks.
그의 말투를 참을 수가 없어요.

❹ **I can't stand** working here.
여기서 일하는 건 더 이상 못 참겠어요.

Dialogue & Practice

A : I can't stand it any more.
B : Calm down. It's not worth to get mad.

  A : 더 이상은 못 참겠어요.
  B : 진정해요. 화낼 가치도 없는 일이에요.

A : _____. (smell)
B : Go find out what stinks.

  A : 이 냄새를 참을 수가 없어요.
  B : 이게 무슨 악취인지 가서 좀 알아봐요.

I can't stand this smell

빨리 ~하고 싶다

I can't wait to + 동사원형

Basic Expression

I can't wait to see you.
당신을 빨리 보고 싶어요.

'I can't wait to+동사원형' 패턴은 '~하는 것을 기다릴 수 없다', 즉 '너무 ~하고 싶다, 빨리 ~하고 싶다' 라는 의미로 재해석해서 쓸 수 있다.

Useful Expressions

❶ **I can't wait to** get home.
빨리 집에 도착했으면 좋겠어요.

❷ **I can't wait to** taste it.
빨리 맛 좀 봤으면 좋겠어요.

❸ **I can't wait to** be a grown up.
빨리 어른이 됐으면 좋겠어요.

❹ **I can't wait to** get married to him.
그와 빨리 결혼하고 싶어요.

Dialogue & Practice

A : I can't wait to see you.
B : I'll be there as soon as possible.

  A : 빨리 당신을 보고 싶어요.
  B : 가능한 빨리 그리로 갈게요.

A : _____. (meet)
B : Just wait a little longer. He's on his way.

  A : 빨리 그를 만나 보고 싶어요.
  B : 조금만 더 기다려요. 오는 길이니까.

답: I can't wait to meet him

~가 …할 때까지 기다리세요

Wait for + 명사 + to + 동사원형

Basic Expression

Wait for him to call. 그가 전화하기를 기다리세요.

wait는 '기다리다'는 뜻으로 '~를 기다리다'라고 할 때는 전치사 for를 사용하여 'wait for+명사'의 패턴을 취한다. 기다린다는 뜻 때문에 명사는 사람인 경우가 많으며, '그 사람/물건이 ~하는 것을 기다리라'라고 할 때 to부정사를 붙인다.

Useful Expressions

❶ **Wait for** me **to** finish.
내가 끝날 때까지 기다리세요.

❷ **Wait for** me **to** come back.
내가 돌아올 때까지 기다리세요.

❸ **Wait for** him **to** grow up.
그가 자랄 때까지 기다리세요.

❹ **Wait for** the bus **to** arrive.
버스가 도착할 때까지 기다리세요.

Dialogue & Practice

A : I think I should go to see him.
B : No. Wait for him to call.

A : 그를 보러 가야 할 것 같아요.
B : 아니에요. 그 사람이 전화할 때까지 기다리세요.

A : Please _____. (be)
B : You should hurry up, then.

A : 내가 거기 갈 때까지 기다려 주세요.
B : 그럼 빨리 와요.

wait for me to be there

~하다니 믿을 수가 없다

I can't believe + 주어 + 동사

Basic Expression

I can't believe he's alive.
그가 살아 있다는 걸 믿을 수가 없어요.

무엇인가 믿기 어려운 일이 있을 때 'I can't believe+주어+동사' 패턴을 쓰는데, '~라는 것을 믿을 수가 없다' 라는 뜻에 '믿기 어려울 정도로 놀랍다(I'm so surprised)' 라는 뜻이 더해져 있다고 생각하면 된다.

Useful Expressions

❶ **I can't believe** you made it.
당신이 해냈다는 걸 믿을 수가 없어요.

❷ **I can't believe** I failed the test.
내가 시험에서 낙제했다니 믿을 수 없어요.

❸ **I can't believe** Chris is coming back.
크리스가 돌아오고 있다니 믿을 수 없어요.

❹ **I can't believe** we lost the game.
우리가 경기에서 지다니 믿을 수가 없어요.

Dialogue & Practice

A : I finally passed the exam.
B : I can't believe you made it.

A : 마침내 시험에 통과했어요.   B : 당신이 해냈다는 게 믿어지지 않아요.

A : To tell you the truth, they're divorced
B : _____. (tell me about)

A : 사실을 말하자면, 그 사람들 이혼했어요.
B : 당신이 나한테 그 얘기를 안 했다니 믿을 수가 없네요.

I can't believe you didn't tell me about that

~을 못 믿을 것이다

You wouldn't believe what +(주어)+동사

Basic Expression

You wouldn't believe what happened.
무슨 일이 일어났는지 못 믿을 거예요.

'당신은 ~을 못 믿을 것이다.' 라고 말할 때는 조동사 would를 써서 You wouldn't believe 패턴을 쓸 수 있다. 이 때는 특히 believe 다음에 wh-절이 따라나오는 경우가 많다.

Useful Expressions

❶ **You wouldn't believe what** appeared.
뭐가 나타났는지 못 믿을 거예요.

❷ **You wouldn't believe what** I saw.
내가 뭘 봤는지 못 믿을 거예요.

❸ **You wouldn't believe what** he said.
그가 무슨 말을 했는지 못 믿을 거예요.

❹ **You wouldn't believe what** Jack sent to me.
잭이 나한테 뭘 보냈는지 못 믿을 거예요.

Dialogue & Practice

A : You wouldn't believe what happened.
B : What happened?

A : 무슨 일이 일어났는지 당신은 못 믿을 거예요.
B : 무슨 일이 일어났는데요?

A : _____. (buy me)
B : What did he buy?

A : 그가 나한테 뭘 사 줬는지 못 믿을 거예요.
B : 뭘 샀는데요.

You wouldn't believe what he bought me

~하지 않을 수 없다

Pattern 127 I can't help + -ing

Basic Expression

I can't help laughing. 웃지 않을 수가 없어요.

동사 help는 can't와 어울려서 '그만두다, 삼가다' 라는 뜻을 갖게 되는데, 이 때 '~하는 것을' 이라는 목적어로 동명사(-ing)를 취한다. 그래서 'I can't help+-ing' 패턴은 '~하는 것을 안 할 수 없다, ~하지 않을 수 없다' 는 뜻으로 자주 쓰인다.

Useful Expressions

1. **I can't help** smoking.
   담배를 안 필 수가 없어요.
2. **I can't help** yawning.
   하품을 안 할 수가 없어요.
3. **I can't help** admiring her.
   그녀를 존경하지 않을 수 없어요.
4. **I can't help** loving him.
   그를 사랑하지 않을 수 없어요.

Dialogue & Practice

A : He's doing so weird.
B : I know. **I can't help** laughing at him.

A : 그 사람 참 이상하게 굴어요.
B : 맞아요. 그를 보고 웃지 않을 수가 없어요.

A : ______________________. (think about)
B : You should try not to.

A : 그것에 대해서 생각하지 않을 수가 없어요.
B : 그래도 애는 써 봐야죠.

답: I can't help thinking about it

~하지 않을 수 없다

Pattern 128: **I can't help but** + 동사원형

Basic Expression

I can't help but cry. 울지 않을 수가 없어요.

'can't help+-ing'와 'can't help but+동사원형'은 '~하지 않을 수 없다'는 동일한 의미로 쓸 수 있는 패턴인데, can't help but이 좀더 구어적으로 자주 쓰이는 편이다.

Useful Expressions

❶ **I can't help but** ask him.
그 사람에게 안 물어볼 수가 없어요.

❷ **I can't help but** work hard.
열심히 일을 안 할 수가 없어요.

❸ **I can't help but** love him.
그를 사랑하지 않을 수가 없어요.

❹ **I can't help but** miss my hometown.
고향을 그리워하지 않을 수가 없어요.

Dialogue & Practice

A : Stop crying. You've been crying for about an hour.
B : I can't help but cry.

A : 그만 울어요. 한 시간 가량이나 울고 있잖아요.
B : 울지 않을 수가 없어요.

A : Wow! The music is hot!
B : Yeah! _____! (dance)

A : 와! 음악 끝내 주는데!
B : 그래! 춤을 안 출 수가 없는데!

I can't help but dance

~을 계속하다

Keep + -ing

Basic Expression

Keep going. 계속 가세요.

'~을 계속하다'라고 말할 때 흔히 동사 continue를 떠올리지만, 실지로는 'keep+ing' 패턴이 회화체에서 더 많이 쓰인다. 주의할 점은, 'keep ~ from+ing' 패턴은 '~로 하여금 …을 못 하게 하다'라는 전혀 다른 뜻을 갖는다는 것이다.

Useful Expressions

❶ **Keep** smiling.
계속 웃으세요.

❷ **Keep** working.
계속 일하세요.

❸ **Keep** watching him.
그를 계속 보고 있으세요.

❹ **Keep** walking until you see the sign.
그 표시를 볼 때까지 계속 걸어가세요.

Dialogue & Practice

A : Where is the subway station?
B : Keep going along this way.

A : 지하철 역이 어디 있어요?
B : 이 길을 따라서 쭉 가세요.

A : It's freezing. I'll be frozen to death.
B : _____. (move)

A : 너무 추워요. 나 얼어 죽겠어요.
B : 계속 움직여요.

Keep moving

~하도록 유지시키다

Keep + 명사 + 형용사

Basic Expression

Keep the door closed. 문을 계속 닫아 두세요.

keep은 기본적으로 현재의 상태를 계속 유지시킨다는 의미를 가지고 있다. 그래서 어떤 물건이나 사람 등을 어떤 상태로 계속 유지시킬 때, 'keep+명사+형용사' 패턴을 쓴다. 우리나라 말로는 '늘 ~를 …하게 하다, …하도록 유지시키다' 라는 것이 가장 어울리는 번역이라 하겠다.

Useful Expressions

❶ **Keep** the food fresh.
음식을 신선하게 보관하세요.

❷ **Keep** your eyes open.
눈을 계속 뜨고 있어요.

❸ **Keep** your body healthy.
몸을 건강하게 유지하세요.

❹ **Keep** your hands clean.
손을 늘 깨끗이 하세요.

Dialogue & Practice

A : It's really cold outside.
B : Keep the door closed.

  A : 바깥이 정말 춥네요.
  B : 문을 계속 닫아 두세요.

A : I should study overnight. _____. (awake)
B : I don't think I can't. I'm sleepy.

  A : 밤새워서 공부해야 돼. 나 좀 계속 깨 있게 해 줘.
  B : 못 할 것 같은데. 나도 졸려.

Keep me awake

~를 선호하다

I prefer + 명사/-ing/to 동사원형

Basic Expression

I prefer jazz. 나는 재즈를 더 좋아해요.

prefer는 '~을 좋아하다'라는 의미로 like와 같은 뜻이긴 하지만 '~를 더 좋아하다, ~가 더 낫다'라는 뜻으로 비교의 대상을 염두에 두는 경우 prefer를 쓴다.

Useful Expressions

❶ **I prefer** a window seat.
창가 자리가 더 좋겠어요.

❷ **I prefer** watching TV.
저는 TV 시청하는 게 더 나아요.

❸ **I prefer** to be alone.
저는 혼자 있는 게 더 나아요.

❹ **I prefer** to take a taxi.
택시를 타는 게 더 좋아요.

Dialogue & Practice

A : Let's take the subway.
B : I prefer to take a taxi.

A : 지하철을 타요.
B : 저는 택시를 타는 게 더 좋아요.

A : How would you like your coffee?
B : _____. (strong one)

A : 커피는 어떤 게 좋으세요?
B : 저는 진한 게 좋습니다.

답: I prefer strong one

B보다 A가 더 좋다

I prefer A to B

Basic Expression

I prefer meat to vegetables.
난 야채보다 고기가 더 좋아요.

prefer는 두 가지 중에 한 가지를 더 좋아할 때 사용할 수 있는 동사로, 'I prefer A to B'의 패턴으로 쓰여 'B보다 A를 더 좋아한다'라는 의미를 나타낸다. A나 B 자리에는 명사나 동명사(-ing)를 넣으면 된다.

Useful Expressions

❶ **I prefer** dogs **to** cats.
나는 고양이보다 개를 좋아해요.

❷ **I prefer** dancing **to** singing.
난 노래하는 것보다 춤추는 게 더 좋아요.

❸ **I prefer** playing tennis **to** basketball.
난 농구보다 테니스하는 게 더 좋아요.

❹ **I prefer** driving **to** walking.
난 걷는 것보다 운전하는 게 더 좋아요.

Dialogue & Practice

A : Why don't we go to a Karaoki?
B : I prefer dancing to singing. Let's go to a dance club.

A : 노래방에 가는 거 어때요?
B : 난 노래하는 것보다 춤추는 게 더 좋아요. 클럽에 가요.

A : I like spring. It's warm and beautiful.
B : _____. (fall / spring)

A : 난 봄이 좋아요. 따뜻하고 아름답고.
B : 난 봄보다는 가을을 좋아해요.

I prefer fall to spring

나는 ~에 대해 상관 안 한다

I don't care about + 명사

Basic Expression

I don't care about the result.
나는 결과는 상관 안 해요.

care 다음에 about을 쓰게 되면 '~에 대해 신경 쓰다, 상관하다'라는 뜻이기 때문에 'I don't care about+명사'의 부정문 패턴은 '~에 대해 상관하지 않는다'라는 의미로 자주 쓰인다.

Useful Expressions

❶ **I don't care about** money.
나는 돈에 대해서는 신경 안 씁니다.

❷ **I don't care about** clothes.
난 옷에는 신경 안 써요.

❸ **I don't care about** anything.
난 아무것에도 신경을 안 써요.

❹ **I don't care about** his girlfriend.
난 그 사람 여자 친구는 신경 안 써요.

Dialogue & Practice

A : You don't seem picky.
B : Yes. I don't care about anything.

A : 당신은 까다로워 보이지 않아요.
B : 네. 난 아무것에도 신경을 안 쓰거든요.

A : Did Mrs. Robinson bother you?
B : No. Actually, _____. (her)

A : 로빈슨 씨가 당신을 귀찮게 했어요?
B : 아뇨. 실은 저는 그분 신경 안 써요.

I don't care about her

나는 ~를 신경 안 쓴다

Pattern 134: **I don't care what** + 주어 + 동사

Basic Expression

I don't care what you want.
당신이 뭘 원하든 나는 신경 안 써요.

신경 쓰는 대상이 사람이나 사물 등 단순한 명사일 때는 'care about+명사' 패턴을 쓰지만, '~가 …하는지 상관 안 한다'라고 할 때는 care 다음에 wh-절, 즉 wh-의문사와 주어와 동사가 따라나와야 한다.

Useful Expressions

❶ **I don't care what** she said.
  그녀가 무슨 말을 했든 신경 안 써요.

❷ **I don't care what** people think.
  사람들이 어떻게 생각하든 신경 안 써요.

❸ **I don't care what** he is gonna do.
  그가 무얼 하든 신경 안 써요.

❹ **I don't care what** I look like.
  내가 어떻게 보이든 상관 안 해요.

Dialogue & Practice

A : Don't you know what I want?
B : I don't care what you want.

  A : 내가 원하는 게 뭔지 몰라요?
  B : 당신이 뭘 원하든 난 신경 안 써요.

A : Clark would not like it.
B : _____. (would like)

  A : 클라크가 그걸 싫어할 건데요.
  B : 그가 뭘 좋아하건 상관 안 해요.

I don't care what he would like

Chapter

04

일반동사 패턴
— 다양한 시제 —

■ 동사를 구사할 때는 반드시 함께 익혀 두어야 할 것이 동작의 시점을 말하는 '시제'입니다. 시제가 없이는 동사는 문장에서 역할을 할 수 없습니다. 특히 일상생활에서는 지나간 일들을 이야기할 때가 많지요. 소설도, 뉴스도, 남의 얘기를 할 때도 과거시제 일색인 것을 보면 더욱 그렇습니다.
이번 장에서는 일반동사가 다양한 시제에서 활용되는, 특히 과거 시점에서 자주 쓰이는 패턴을 추려 보았습니다.

Pattern 135 : 주어 + **went to** + 장소

~에 갔다

Basic Expression

I went to work. 저는 직장에 갔습니다.

동사 go의 기본 뜻은 '(~에) 가다'로, 목적지를 나타낼 때 전치사 to와 장소를 나타내는 명사를 써서 '~에'라는 뜻을 표현한다. go는 go - went - gone으로 동사 변환하며, 현재형에서 3인칭 단수의 동사로 쓰일 때는 goes가 된다.

Useful Expressions

❶ I **went to** bed at ten.
10시에 잠자리에 들었습니다.

❷ We **went to** the same school.
우리는 같은 학교에 다녔어요.

❸ Sally **went to** the park yesterday.
어제 샐리는 그 공원에 갔습니다.

❹ My brother **went to** school by bus.
제 남동생은 버스로 학교에 갔어요.

Dialogue & Practice

A : Did you stay up yesterday?
B : No, I **went to** bed at ten.

A : 어제 밤새웠어요?   B : 아뇨, 10시에 잠자리에 들었어요.

A : What did you do during the weekend?
B : _____. (garden party)

A : 주말에 뭐 하셨어요?
B : 가족들과 함께 가든 파티에 갔어요.

답: I went to a garden party with my family

~해졌다

주어 + **went** + 형용사

Basic Expression

The milk **went** bad. 우유가 상했어요.

'go+형용사'의 패턴은 '~하게 되다'라는 뜻으로, 여기서 go는 become, turn처럼 '~하게 되다, 바뀌다'라는 뜻으로 쓰이는데, 주로 나쁜 상태로 변할 때 이 패턴을 사용한다.

Useful Expressions

❶ Things **went** bad.
   상황이 나빠졌어요.

❷ The lady **went** mad.
   그 여자는 미쳤어요.

❸ The tire **went** flat.
   타이어가 펑크 났어요.

❹ Helen Keller **went** blind.
   헬렌 켈러는 장님이 되었습니다.

Dialogue & Practice

A : What's this smell?
B : Oh, the milk **went** bad.

  A : 이게 무슨 냄새죠?
  B : 오, 우유가 상했어요.

A : Why didn't you call me last night?
B : I'm sorry. _____. (asleep)

  A : 어젯밤에 왜 전화 안 했어요?
  B : 미안해요. 잠들어 버렸어요.

답: I went asleep

~하러 갔다

주어 + **went to** + 동사원형

Basic Expression

I **went to** see a movie. 영화 보러 갔어요.

'go to+동사원형' 패턴은 '~하러 가다' 라는 뜻으로 to 대신 and를 쓰기도 하고, 구어체에서는 and나 to 없이 바로 동사와 동사를 연결하여 I went see the movie.처럼 말하는 경우도 많다.

Useful Expressions

❶ I **went to** grab a bite.
뭐 먹으러 갔어요.

❷ We **went to** play baseball yesterday.
우리는 어제 야구하러 갔어요.

❸ Jackie **went to** pick up her daughter.
재키는 딸을 데리러 갔어요.

❹ He **went to** work in his day off.
그는 휴가일에 일하러 갔어요.

Dialogue & Practice

A : What did you do yesterday?
B : I **went to** see a movie.

　A : 어제 뭐 하셨어요?
　B : 영화 보러 갔어요.

A : I'm worried what went wrong in Busan.
B : Don't worry. _____. (check~out)

　A : 부산에 뭐가 잘못되었는지 걱정이네요.
　B : 걱정 마세요. 조이가 확인하러 갔어요.

답) Joy went to check it out

~하러 갔다

주어 + **went** + -ing

Basic Expression

I **went** shopping. 쇼핑하러 갔어요.

'~하러 가다' 라는 의미로 옆에서처럼 'go to+동사원형'을 쓸 수도 있지만, 주로 여가 활동이나 운동을 할 때, 일상생활에서 늘상 자주 일어나는 일인 경우 'go+-ing' 패턴을 많이 쓴다.

Useful Expressions

❶ I **went** swimming.
수영하러 갔어요.

❷ He **went** jogging with Mom.
그는 엄마와 조깅하러 갔어요.

❸ We **went** skiing a lot last winter.
우리는 작년 겨울에 스키 타러 많이 갔어요.

❹ My friends and I **went** camping last weekend.
지난 주말에 친구들과 나는 캠핑을 갔어요.

Dialogue & Practice

A : I went shopping this afternoon.
B : What did you buy?

A : 오늘 오후에 쇼핑 갔어요.   B : 뭐 사셨어요?

A : What did you do on your birthday?
B : Nothing special. _____. (skate)

A : 생일날 뭐 하셨어요?
B : 별것 안 했어요. 친구들과 스케이트 타러 갔어요.

I went skating with my friends

~를 가지고[데리고] 가세요

Get + 명사 + 전치사구

Basic Expression

Get him out of here.
저 사람 여기서 데리고 나가세요.

get은 기본적으로 '얻다, 받다, 가지고 오다, 가지고 가다, ~하게 하다, 당하다' 등의 뜻 외에도 무척 다양한 의미로 쓰이는데, 여기에서는 '움직임'을 뜻하는 '가지고/데리고 가다' 라는 의미로 연습해 보자.

Useful Expressions

❶ **Get** your car to the yard.
차를 마당으로 몰고 오세요.

❷ **Get** this box into the garage.
이 상자를 창고로 가져가세요.

❸ **Get** all the books into the bag.
책을 전부 가방 안에 넣으세요.

❹ **Get** your son to school.
당신 아들을 학교에 데리고 가세요.

Dialogue & Practice

A : Do you need my help?
B : Yes. **Get** him out of here.

A : 제 도움이 필요하신가요?
B : 네. 저 사람을 여기서 데리고 나가세요.

A : What do you want me to do?
B : _____. (cat / out of)

A : 제가 뭘 할까요?
B : 이 고양이를 방에서 데리고 나가세요.

Get this cat out of the room

~을 …되게 했다

Pattern 140: I got + 명사 + p.p.

Basic Expression

I got it delivered. 그것을 배달했습니다.

'get+명사+p.p.(과거분사)' 패턴으로 '~가 …되게 하다'라는 의미를 전달할 수 있다. 특히 주어가 I인 경우, '머리를 자르다' 등의 표현도 이 패턴을 통해서 표현할 수 있다.

Useful Expressions

❶ **I got** my hair cut.
머리를 잘랐어요.

❷ **I got** my eyes tested.
시력 검사를 했어요.

❸ **I got** my room cleaned.
내 방을 치우게 했어요.

❹ **I got** your car fixed.
당신 차를 고치게 했어요.

Dialogue & Practice

A : You look different.
B : Yes. **I got** my hair cut.

A : 당신, 달라 보이는데요.
B : 네. 머리를 잘랐어요.

A : Sue cries all day long. Are you two broke up?
B : Yes. _____. (heart broken)

A : 수가 하루 종일 울어요. 두 사람 헤어졌어요?
B : 네. 내가 그녀 마음을 아프게 했어요.

답: I got her heart broken

Pattern 141

~하게 되었다

주어 + **'ve** / **'s got** + 형용사

Basic Expression

I've got much better. 많이 좋아졌어요.

현재 시점에서 '~하게 되었다'고 할 때, 현재 완료형을 써서 have got 형태를 쓰게 되는데, 대화체에서는 've got으로 축약하거나 아예 have를 생략하고 got만 남겨서 쓰기도 한다. 하지만 have가 생략되어 있다는 것을 염두에 두자.

Useful Expressions

① My dog**'s got** sick.
우리 개가 병에 걸렸어요.

② My grandma**'s got** very old.
우리 할머니가 너무 늙으셨어요.

③ The day**'s got** shorter.
낮이 짧아졌어요.

④ He**'s got** lazy.
그는 게을러졌어요.

Dialogue & Practice

A : How do you feel now?
B : I**'ve got** much better.

　A : 지금은 좀 어떠세요?
　B : 많이 좋아졌어요.

A : Wow! _____! (beautiful)
B : Thank you for your compliment.

　A : 와! 아름다워지셨어요!
　B : 칭찬해 주셔서 고마워요.

답: You've got beautiful

~되었다

주어 + 've / 's got + p.p.

Basic Expression

I've got hurt. 다쳤어요.

'get+과거분사'는 'get+형용사' 패턴과 마찬가지로 '~하게 되다, ~한 상태가 되다'라는 뜻으로 쓰인다. 패턴 141과 형태는 유사하지만 의미와 용도에서 구별하여 쓰도록 하자. 이 역시 'I've got+형용사' 패턴과 같이 현재완료 시제로 많이 쓰인다.

Useful Expressions

❶ The house**'s got** burned down.
  집이 불에 탔어요.

❷ He**'s got** drunk.
  그는 술에 취했어요.

❸ Donna**'s got** married with Jack.
  도나는 잭과 결혼했어요.

❹ You**'ve got** soaked to your skin!
  당신 홀딱 젖었군요!

Dialogue & Practice

A : Look at you! What happened?
B : I've got hurt.

  A : 당신 좀 봐요! 무슨 일 있었어요?
  B : 다쳤어요.

A : You look sad. Is something wrong?
B : _____. (hit by)

  A : 슬퍼 보이는데요. 무슨 안 좋은 일이라도?
  B : 우리 강아지가 차에 치었어요.

My dog's got hit by a car.

~을 취하겠다

I'll take + 명사

Basic Expression

I'll take this. 이것으로 할게요.

take는 기본적으로 '갖다', '주어의 것으로 취하다' 라는 의미를 가지는데, get보다 주어의 의지가 더 드러나는 뉘앙스이며, '상대방에게서 주어 쪽으로 물건을 옮기다' 는 뜻으로 이해하면 될 것 같다.

Useful Expressions

❶ **I'll take** a day off.
하루 정도 휴가를 낼 거예요.

❷ **I'll take** my chance.
제가 한 번 해 볼게요.

❸ **I'll take** a rain check.
나중에 하는 걸로 하죠.

❹ **I'll take** it in my room.
내 방에서 받을게요. (전화가 왔을 때)

Dialogue & Practice

A : Have you made up your mind, sir?
B : Yes. **I'll take** this one.

A : 손님, 마음을 정하셨나요?
B : 네, 이것으로 할게요.

A : Which one would you choose?
B : _____. (both)

A : 무얼 고르시겠어요?
B : 둘 다 할게요.

답: I'll take both

A를 B로 갖고[데리고] 가겠다

I'll take A (to) B

Basic Expression

I'll take you home. 당신을 집으로 데려다 드릴게요.

take는 '갖다'는 의미 외에도 물건이나 사람을 주어 쪽에서 멀리 '데리고 가다' 또는 '갖고 가다'라는 용법으로 자주 쓰이는데, 이것이 'take A to B' 패턴이다. 여기서 to 이하는 장소의 부사구이므로 to를 쓰지 않는 부사 home, there, here, in 등도 to 대신에 쓸 수 있다.

Useful Expressions

❶ **I'll take** my dog there.
내 개를 거기 데리고 갈게요.

❷ **I'll take** it **to** your office.
제가 그걸 당신 사무실로 가져갈게요.

❸ **I'll take** this **to** Mom.
내가 이걸 엄마한테 가져갈게요.

❹ **I'll take** my stuff **to** my place.
내 물건들은 내 거처로 가져갈게요.

Dialogue & Practice

A : It's time for me to go.
B : Wait a sec. I'll take you home.

A : 나는 가야 될 시간이네요.
B : 잠깐만 기다려 주세요. 집으로 데려다 드릴게요.

A : Jamie didn't take an umbrella with her, but it starts to rain!
B : Don't worry. _____. (one / her)

A : 제이미가 우산을 안 갖고 갔는데 비가 내리기 시작해요!
B : 걱정 마세요. 내가 걔한테 하나 갖다 줄게요.

I'll take one to her.

~를 돌보겠다

I'll take care of + 명사

Basic Expression

I'll take care of my grandma.
할머니를 돌봐 드릴게요.

take는 수많은 명사와 결합하여 많은 숙어를 보유하고 있는 대표적 기본 동사이다. 'take+명사' 형태로는 take a walk(산책하다), take a taxi (택시를 타다), take a photo(사진을 찍다) 등이 있다.

Useful Expressions

❶ **I'll take care of** my baby brother.
제가 아기 남동생을 돌볼게요.

❷ **I'll take care of** the problem.
제가 그 문제를 해결할게요.

❸ **I'll take care of** the ceremony.
제가 그 행사를 맡겠습니다.

❹ **I'll take care of** the bill.
제가 계산할게요.

Dialogue & Practice

A : Who can take care of our baby brother?
B : **I'll take care of** him.

  A : 우리 아기 남동생을 누가 돌볼까?
  B : 제가 돌볼게요.

A : Mr. Roger needs a doctor now.
B : _____. (patient)

  A : 로저 씨는 지금 의사가 필요해요.
  B : 제가 그 환자를 돌볼게요.

답: I'll take care of the patient

~에 참석했다

Pattern 146 I took part in + 명사

Basic Expression

I took part in the meeting.
저는 그 회의에 참석했습니다.

take part in은 'take+명사+전치사' 패턴의 또다른 대표적 숙어로, '~에 참석하다, 참가하다' 라는 뜻이다. 같은 뜻으로 participate in을 사용해도 된다.

Useful Expressions

❶ **I took part in** the football game.
나는 그 축구 경기에 참가했습니다.

❷ **I took part in** the piano contest.
나는 피아노 대회에 참가했습니다.

❸ **I took part in** a marathon.
마라톤에 참가했습니다.

❹ **I took part in** a bike race.
자전거 대회에 참가했어요.

Dialogue & Practice

A : I took part in the meeting.
B : Did you? How was it going?

A : 그 회의에 참석했어요.
B : 그래요? 어떻게 진행됐어요?

A : _____. (dance contest)
B : Did you win a prize?

A : 저는 댄스 경연대회에 참가했어요.
B : 상은 탔어요?

답: I took part in a dance contest

~를 …하게 했다

Pattern 147: You made me + 형용사

Basic Expression

You made me happy. 당신은 날 기쁘게 했어요.

make는 기본적으로 '만들다'라는 의미가 있다. 물건을 만드는 것은 물론, 사람을 어떠한 상태로 만들 때도 make를 쓸 수 있다. 이럴 때는 'make+사람+형용사' 패턴을 써서 '누구를 어떤 상태로 만들다'라는 의미가 되며, 특히 어떤 느낌이나 감정을 생기게 할 때 이 패턴을 자주 쓴다.

Useful Expressions

❶ **You made me** scared.
당신이 날 겁줬어요.

❷ **You made me** angry.
당신은 날 화나게 했어요.

❸ **You made me** sick.
당신이 내 속을 뒤집었어요.

❹ **You made me** smile.
당신은 날 웃게 만들었어요.

Dialogue & Practice

A : You made me scared.
B : I'm so sorry. I didn't mean to.

A : 당신이 날 겁줬어요.
B : 정말 미안해요. 그러려고 했던 게 아니었어요.

A : Did I do something wrong?
B : Yeah! _____. (nervous)

A : 내가 뭐 잘못했나요?
B : 그래요! 당신이 날 불안하게 만들었어요.

You made me nervous

~가 …하게 만들었다

Pattern 148 — I made + 명사 + 동사원형

Basic Expression

I made her cry. 내가 그녀를 울렸어요.

make가 사역동사로 쓰이면 'make+명사+동사원형' 패턴을 취하는데, '~로 하여금 …하도록 만들다/시키다'와 같은 뜻으로 받아들이면 되고, 우리나라 말로 자연스럽게 해석하려면 '주어 때문에 ~가 …했다'라고 말하는 것이 좋다.

Useful Expressions

❶ **I made** you quit smoking.
내가 당신한테 담배를 끊게 했어요.

❷ **I made** him fix my car.
그 사람한테 내 차를 수리하게 했어요.

❸ **I made** Jack feel better.
나 때문에 잭의 기분이 좋아졌어요.

❹ **I made** it happen.
나 때문에 그 일이 일어났어요.

Dialogue & Practice

A : Jack looked busy doing something.
B : Yes. **I made** him fix my car.

A : 잭이 뭐 하느라고 바빠 보이던데요.
B : 네. 내가 그 사람한테 차 수리를 시켰어요.

A : Let's not talk for a while.
B : Sorry. I think _____. (feel bad)

A : 당분간 우리 얘기하지 말아요.
B : 미안해요. 내가 당신 기분을 상하게 한 것 같네요.

I made you feel bad

~에게 …을 해 주었다

I made + 사람 + 사물

Basic Expression

I made him breakfast.
그 사람에게 아침을 해 줬어요.

'make+사람+사물' 패턴은 '만들다'는 make의 가장 기본적 의미를 그대로 나타내는 경우로, '누구에게 무엇을 만들어 주다'라는 의미이다. 이는 'make+사물+for+사람' 패턴으로 바꾸어 말해도 같은 의미이다.

Useful Expressions

❶ **I made** my wife a new house.
내 처에게 새 집을 만들어 줬어요.

❷ **I made** my daughter a paper doll.
내 딸에게 종이 인형을 만들어 줬어요.

❸ **I made** you a girlfriend.
당신한테 여자친구를 만들어 줬잖아요.

❹ **I made** Ann a toy boat.
앤에게 장난감 배를 만들어 줬어요.

Dialogue & Practice

A : I made him breakfast this morning.
B : You did? You can't cook!

A : 그 사람에게 오늘 아침에 아침 식사를 만들어 줬어요.
B : 당신이요? 당신은 요리를 못 하잖아요!

A : _____. (girlfriend / ring)
B : She must have been impressed!

A : 여자친구에게 반지를 만들어 줬어요.
B : 틀림없이 감동받았겠군요!

I made my girlfriend a ring

왜 ~했어요?

What made you + 동사원형 ~ ?

Basic Expression

What made you say that?
왜 그런 말을 했어요?

'What made you+동사원형~?' 패턴은 직역하자면 '무엇이 당신으로 하여금 ~하게 하였느냐?' 라는 말이지만, '왜 ~했어요?' 라고 이유를 묻는 구문이다.

Useful Expressions

❶ **What made you** apply to this job?
   왜 이 자리에 지원하셨습니까?

❷ **What made you** decide to do that?
   왜 그렇게 할 결심을 했어요?

❸ **What made you** change your mind?
   왜 마음을 바꿨어요?

❹ **What made you** come back home?
   왜 집으로 돌아왔어요?

Dialogue & Practice

A : I called Kurt a butthead.
B : What made you say that?

　A : 커트를 멍청이라고 불렀어요.　B : 왜 그런 말을 했어요?

A : _____ ? (decide / be a teacher)
B : I just like kids. That's why.

　A : 어떻게 해서 교사가 되기로 결심한 거예요?
　B : 그냥 난 아이들이 좋아요. 그게 이유예요.

답: What made you decide to be a teacher

~하도록 노력했다

I tried to + 동사원형

Basic Expression

I tried to do my best. 최선을 다하려고 노력했어요.

try는 to 부정사를 동반하여 '~하려고 노력하다/애쓰다'라는 의미와 '시도하다, 해 보다'라는 의미를 가지는데, 굳이 '노력하다'라고 하는 것보다 '~하려고 했다'라고 번역하는 것이 더 자연스러울 때가 많다.

Useful Expressions

❶ **I tried to** be a doctor.
의사가 되려고 해 봤어요.

❷ **I tried to** support you.
당신을 지지하려고 노력했어요.

❸ **I tried to** understand him.
당신을 이해하려고 노력했어요.

❹ **I tried to** solve the problem.
문제를 해결해 보려고 애썼어요.

Dialogue & Practice

A : I tried to do my best.
B : But your best was not enough.

    A : 최선을 다하려고 노력했어요.
    B : 하지만 당신의 최선으로는 부족했어요.

A : _____. (be / movie star)
B : Dream on.

    A : 영화배우가 되려고 해 봤어요.
    B : 꿈 깨세요.

I tried to be a movie star

~하지 않으려고 애썼다

Pattern 152 : I tried not to + 동사원형

Basic Expression

I tried not to hurt you.
당신 마음을 상하지 않게 하려고 애썼어요.

'~하지 않으려고 했다/애썼다'는 말은 try to의 부정형 'try not to+동사원형' 패턴을 취하면 된다.

Useful Expressions

① **I tried not to** let you down.
당신에게 실망을 주지 않으려고 애썼어요.

② **I tried not to** buy unnecessary things.
필요 없는 물건은 안 사려고 했어요.

③ **I tried not to** be so angry.
그렇게 화내지 않으려고 애썼어요.

④ **I tried not to** ruin the atmosphere.
분위기를 망치지 않으려고 애썼어요.

Dialogue & Practice

A : I tried not to let you down.
B : And it worked! I'm so proud of you.

A : 당신을 실망시키지 않으려고 애썼어요.
B : 그리고 잘 됐잖아요! 당신 정말 장해요.

A : His magic was so awkward.
B : _____. (laugh at)

A : 그 사람 마술은 정말 서툴렀어요.
B : 저는 안 웃으려고 애썼어요.

I tried not to laugh at it

175

~하려는 게 아니었다

I didn't mean to + 동사

Basic Expression

I didn't mean to hurt you.
당신에게 상처를 주려는 건 아니었어요.

내가 한 말이나 행동에 대해 상대방이 오해하는 경우, 또는 자신의 의도와는 달리 어떤 상황이 벌어진 경우에 '~하려고 했던 게 아니다, ~하려던 의도가 아니었다' 라고 변명하려 할 때 사용하는 패턴이다.

Useful Expressions

❶ **I didn't mean to** scare you.
놀라게 하려던 게 아니었어요.

❷ **I didn't mean to** invite them.
그들을 초대하려고 했던 게 아니었어요.

❸ **I didn't mean to** hit her.
그녀를 때리려던 게 아니었어요.

❹ **I didn't mean to** make him angry.
그를 화나게 하려던 게 아니었어요.

Dialogue & Practice

A : Mr. Smith is really upset.
B : I didn't mean to make him angry.

A : 스미스 씨가 아주 당혹해하고 있어요.
B : 그분을 화나게 하려던 게 아니었어요.

A : Why did you break his glasses?
B : _____. (do)

A : 왜 그 사람 안경을 부수었어요?
B : 그러려고 한 게 아니었어요.

답: I didn't mean to do that

~가 무슨 말인가요?

What do you mean by +명사/문장?

Basic Expression

What do you mean by that?
그게 무슨 말인가요?

by 다음에는 상대방이 말했던 말의 한 단어를 넣어도 되고, 이해 안 되는 구문을 인용해도 된다. '~라니, 도대체 그게 무슨 말이에요?' 라고 해석하는 게 가장 자연스럽다.

Useful Expressions

❶ **What do you mean by** "war?"
전쟁이라니, 무슨 말인가요?

❷ **What do you mean by** "trends?"
유행이라니, 무슨 말인가요?

❸ **What do you mean by** "God's will?"
신의 뜻이라니, 무슨 말인가요?

❹ **What do you mean by** the word, "our future?"
우리의 미래라니, 무슨 말인가요?

Dialogue & Practice

A : The war has begun.
B : What do you mean by "war?"

A : 전쟁이 시작된 거예요.
B : 전쟁이라니, 무슨 말이에요?

A : It's time for us to wipe the floor.
B : _____ (us)

A : 우리가 바닥을 닦을 시간이에요.
B : 우리라니, 무슨 말이에요?

What do you mean by "us?"

177

~하는 것을 잊어버렸다

I forgot to + 동사

Basic Expression

I forgot to close the window.
창문 닫는 걸 잊어버렸어요.

forget은 '~을 잊어버리다'라는 뜻으로, '~하는 것'을 잊어버렸을 때 to 부정사를 목적어로 취한다. 이 때는 '~한다는 것을 잊어버렸다', 그래서 결과적으로는 '못했다'는 의미를 함축하고 있다.

Useful Expressions

❶ **I forgot to** finish my report.
보고서 끝내 놓는 걸 잊어버렸어요.

❷ **I forgot to** take my pill.
약 먹는 걸 잊어버렸어요.

❸ **I forgot to** set the clock.
시계 맞춰 놓는 걸 잊어버렸어요.

❹ **I forgot to** charge the battery.
배터리 충전하는 것을 잊어버렸어요.

Dialogue & Practice

A : I forgot to take my pill.
B : You always forget everything.

　A : 약 먹는 걸 잊어버렸어요.
　B : 당신은 언제나 뭐든지 잊어버리잖아요.

A : _____. (get / change)
B : Go hurry and get it.

　A : 잔돈 받는 걸 잊어버렸어요.
　B : 빨리 가서 받아요.

정답: I forgot to get my change

잊지 말고 ~하세요

Don't forget to + 동사원형

Basic Expression

Don't forget to call me.
나한테 전화하는 거 잊지 말아요.

'~하는 것을 잊지 말라, 잊지 말고 ~하라'고 할 때는 'Don't forget to+ 동사원형' 패턴을 써 보자.

Useful Expressions

① **Don't forget to** wear your seatbelt.
안전벨트 매는 것 잊지 마세요.

② **Don't forget to** pay me back.
내 돈 갚는 거 잊지 마세요.

③ **Don't forget to** feed my dog.
우리 개한테 먹이 주는 거 잊지 마세요.

④ **Don't forget to** say hello to your mom for me.
어머니께 잊지 말고 안부 전해 줘요.

Dialogue & Practice

A : Don't forget to call me.
B : I surely will.

A : 잊지 말고 전화 주세요.
B : 꼭 그럴게요.

A : _____. (bring / my bag)
B : Okay. I'll make a note.

A : 잊지 말고 나한테 내 가방 가져다 주세요.
B : 알았어요. 메모할게요.

Don't forget to bring me my bag

~라는 것을 알아 냈다

I found out + 주어 + 동사

Basic Expression

I found out he lied to me.
그 사람이 나한테 거짓말한 것을 알아 냈어요.

find는 기본적으로 '찾아 내다'라는 뜻에서 파생하여 '알다, 깨닫다'라는 의미로 자주 쓰인다. 특히 몰랐던 것을 알아 낸다는 의미로는 find 단독으로보다는 find out의 형태로 자주 쓰인다.

Useful Expressions

❶ **I found out** I made a mistake.
내가 실수했다는 것을 알아 냈어요.

❷ **I found out** I blamed the wrong guy.
내가 엉뚱한 사람을 비난했다는 걸 알았어요.

❸ **I found out** the thief was hiding.
도둑이 숨어 있었다는 걸 알았어요.

❹ **I found out** my son broke the computer.
우리 아들이 컴퓨터를 고장낸 걸 알았어요.

Dialogue & Practice

A : I found out he lied to me.
B : I knew he was a liar.

> A : 그 사람이 나한테 거짓말한 것을 알았어요.
> B : 그 사람이 거짓말쟁이라는 거 난 알고 있었어요.

A : _____. (be pregnant)
B : That's great! I'm so happy for you!

> A : 내가 임신했다는 걸 알았어요.
> B : 굉장해요! 정말 기뻐요!

답) I found out I'm pregnant

~하는 것이 어렵다는 것을 알았다

I found it difficult to + 동사원형

Basic Expression

I found it difficult to get a job.
일자리 구하기가 힘들다는 것을 알았어요.

'~하는 것이 힘들다는 것을 알아 내다'라는 말을 할 때는 문법 용어로 '가목적어 it'과 '진목적어 to부정사'를 사용한다. '어렵다' 대신 '쉽다'도 마찬가지로 'I found it easy to+동사원형' 패턴을 쓴다.

Useful Expressions

❶ **I found it difficult to** make money.
돈 버는 게 힘들다는 걸 알았어요.

❷ **I found it difficult to** be a good wife.
좋은 아내가 되는 게 힘들다는 걸 알았어요.

❸ **I found it difficult to** help neighbors.
이웃을 돕는 게 힘들다는 걸 알았어요.

❹ **I found it difficult to** give her up.
그녀를 포기하는 게 힘들다는 걸 알았어요.

Dialogue & Practice

A : Are you still between jobs?
B : Yes. I found it difficult to get a job.

  A : 아직 취직 못하셨어요?
  B : 네. 일자리 구하기가 힘들다는 걸 알았어요.

A : _____. (learn)
B : But you should not give up halfway.

  A : 영어 공부하기가 힘들다는 걸 알았어요.
  B : 하지만 도중에 포기하면 안 돼요.

I found it difficult to learn English

~하기로 결심했다

Pattern 159: I decided to + 동사원형

Basic Expression

I decided to study hard.
열심히 공부하기로 결심했어요.

'결심하다, 마음먹다'는 뜻의 동사는 일반적으로 decide를 쓰는데, '~하는 것을'이라는 목적어로 to부정사를 취하여 'decide to+동사원형' 패턴으로 쓰인다.

Useful Expressions

❶ **I decided to** go on a diet.
다이어트 하기로 결심했어요.

❷ **I decided to** quit smoking.
담배를 끊기로 결심했어요.

❸ **I decided to** tell him the truth.
그 사람에게 사실을 말하기로 결심했어요.

❹ **I decided to** be a great scientist.
훌륭한 과학자가 되기로 결심했어요.

Dialogue & Practice

A : I decided to quit smoking.
B : Good for you.

A : 담배를 끊기로 결심했어요.
B : 잘했어요.

A : _____. (raise)
B : It's not easy to have a pet.

A : 개를 기르기로 결심했어요.
B : 애완동물 키우기는 쉽지 않아요.

답: I decided to raise a dog

~하기로 결심했다

Pattern 160 I made up my mind to + 동사원형

Basic Expression

I made up my mind to go abroad.
외국으로 나가기로 결심했어요.

'결심하다'는 말은 decide나 make a decision으로도 표현할 수 있지만, 우리말 '마음을 먹다'라는 뜻에 딱 맞게 make up one's mind라는 표현을 쓸 수 있다. 이 표현 역시 to부정사를 목적어로 취한다.

Useful Expressions

❶ **I made up my mind to** have a party.
파티를 열기로 결심했어요.

❷ **I made up my mind to** apply to the school.
그 학교에 지원하기로 결심했어요.

❸ **I made up my mind to** make a new start.
새 출발을 하기로 결심했어요.

❹ **I made up my mind to** have a baby.
아기를 갖기로 결심했어요.

Dialogue & Practice

A : I made up my mind to have a party.
B : Yeah! When will it be held?

A : 파티를 열기로 결심했어요.   B : 와! 언제 할 거예요?

A : _____. (become / movie star)
B : Sleep on it.

A : 영화배우가 되기로 결심했어요.
B : 잘 생각해 보세요.

답: I made up my mind to become a movie star.

~할 줄 몰랐다

I didn't expect to + 동사원형

Basic Expression

I didn't expect to see you here.
여기서 당신을 보게 될 줄 몰랐어요.

expect는 '기대하다, 예상하다, 바라다' 등의 뜻으로 쓰이는 동사인데, 여기서처럼 부정형 'didn't expect to+동사원형' 패턴으로 '~하게 될 거라고 예상하지 못했다', 즉 '~할 줄 몰랐다' 라는 뜻으로 자주 쓰인다.

Useful Expressions

❶ **I didn't expect to** hear the news.
그 소식을 들을 거라고 생각 못했어요.

❷ **I didn't expect to** win this game.
이 경기를 이길 거라고 생각 못했어요.

❸ **I didn't expect to** find it here.
이걸 여기서 찾아낼 줄 몰랐어요.

❹ **I didn't expect to** marry him.
내가 그 사람과 결혼하게 될 줄 몰랐어요.

Dialogue & Practice

A : Carol! How nice to meet you!
B : Hey! I didn't expect to see you here.

　A : 캐롤! 만나서 반가워요!
　B : 어머! 여기서 당신을 만나다니요.

A : _____! (ride a horse)
B : Have fun!

　A : 내가 말을 타게 될 줄 몰랐어요!
　B : 재미있게 보내세요!

답: I didn't expect to ride a horse

언제 ~할 건가요?

Pattern 162: **When can I expect** + 명사?

Basic Expression

When can I expect a response?
언제 응답을 받을 수 있을까요?

'When can I expect+명사?' 패턴은 '언제 ~이 될지 예상할 수 있느냐?', 즉 '언제 ~할 것인가?'를 좀더 정중하게 표현하는 방식이다.

Useful Expressions

❶ **When can I expect** next model?
 언제 다음 번 모델을 볼 수 있을까요?

❷ **When can I expect** the conclusion?
 언제 결론이 나나요?

❸ **When can I expect** your report?
 언제 당신 보고서를 받을 수 있나요?

❹ **When can I expect** your call?
 언제 전화해 주실 건데요?

Dialogue & Practice

A : When can I expect a response?
B : Please wait one more day.

A : 언제 응답을 받을 수 있을까요?   B : 하루만 더 기다려 주십시오.

A : _____? (decision)
B : I'm still thinking on it. Wait a little longer.

A : 언제 당신의 결정을 알게 되나요?
B : 아직 생각 중입니다. 조금만 더 기다려 주세요.

답: When can I expect your decision

~가 …하는 것을 보았다

I saw + 명사 + 동사원형/-ing

Basic Expression

I saw him run away. 그가 도망치는 것을 봤어요.

지각동사란 말 그대로 감각으로 느끼는 동사이므로 see, hear, feel, watch, sense 등을 가리킨다. 지각동사는 목적어로 명사를, 목적보어로 동사원형이나 현재분사(-ing)를 취하기 때문에 I saw him run.이나 I saw him running. 둘 다 가능하다.

Useful Expressions

❶ **I saw** you cross the street.
당신이 길을 건너는 것을 봤어요.

❷ **I saw** Tony kissing Angie.
토니가 앤지에게 키스하고 있는 것을 봤어요.

❸ **I saw** him waiting for someone.
그 사람이 누군가를 기다리고 있는 걸 봤어요.

❹ **I saw** Dad looking for something.
아빠가 뭔가를 찾고 있는 걸 봤어요.

Dialogue & Practice

A : I saw you cross the street.
B : No, I don't think it was me.

A : 당신이 길 건너는 걸 봤어요. B : 아니에요, 내가 아니었을 거예요.

A : I went shopping this afternoon.
B : I know. _____. (buy)

A : 오늘 오후에 나 쇼핑 갔어요.
B : 알아요. 당신이 뭔가 사고 있는 걸 봤어요.

I saw you buy(ing) something

~하는 것인지 알겠다

I see + wh- + 주어 + 동사

Basic Expression

I see what you mean. 무슨 말씀인지 알겠어요.

see의 중요한 다른 뜻 하나는 '알다, 알아듣다, 깨닫다' 라는 것으로, I see.라고 하면 '알겠습니다.' 라는 뜻이다. I know.는 '(내가 원래) 알고 있다' 라는 뜻이므로 see와 구분하도록 하자.

Useful Expressions

❶ **I see** what he wants.
그가 뭘 원하는지 알겠어요.

❷ **I see** how I do this.
이거 어떻게 하는 건지 알겠어요.

❸ **I see** why she is angry.
그녀가 왜 화가 났는지 알겠어요.

❹ **I see** why they broke up.
그들이 왜 헤어졌는지 알겠어요.

Dialogue & Practice

A : You'd better keep it a secret.
B : **I see** what you mean.

A : 그건 비밀로 간직하는 게 좋을 것 같아요.
B : 무슨 말씀을 하시는지 알겠어요.

A : Put in the password and click here.
B : Now _____. (work)

A : 비밀번호를 넣고 여기를 클릭하세요.
B : 이게 어떻게 작동하는지 이제 알겠어요.

I see how it works

~라고 말했다

Pattern 165: **He said** + 주어 + 동사

Basic Expression

He said he loved me.
그는 나를 사랑한다고 말했어요.

영어에는 '말하다'라는 뜻의 동사가 say, tell, speak, talk, chat 등 너무나 많아서 상황에 따라 적절한 단어를 선택하는 것이 중요하다.

Useful Expressions

1. **He said** he bought a car.
   그는 차를 샀다고 말했어요.

2. **He said** it was an accident.
   그건 우연이라고 그가 말했어요.

3. **He said** I shouldn't call her.
   그는 내가 그녀에게 전화하면 안 된다고 말했어요.

4. **He said** Mom wasn't angry.
   그는 엄마가 화난 게 아니었다고 말했어요.

Dialogue & Practice

A : He said he loved me.
B : What a nice surprise!

A : 그 사람이 나를 사랑한다고 말했어요.   B : 정말 놀라운 일인데요!

A : How can Mr. Kim speak English so well?
B : _____. (live in)

A : 미스터 김은 어쩌면 그렇게 영어를 잘 할 수 있는 거죠?
B : 뉴욕에서 살았었다고 말하더라구요.

답: He said he had lived in New York

나에게 ~하라고 말했다

Pattern 166

He told me to + 동사원형

Basic Expression

He told me to stop. 그가 내게 멈추라고 말했어요.

say와 tell은 문법적인 차이가 큰데, say는 자동사라서 목적어를 직접 취하지 못하기 때문에 'say to+사람'처럼 전치사 to를 써야 하고, tell은 목적어를 받는 타동사이므로 tell me의 형태로 말해야 한다.

Useful Expressions

❶ **He told me to** park here.
그가 내게 여기 주차하라고 말했어요.

❷ **He told me to** fix the broken shelf.
그가 내게 부러진 선반을 고치라고 말했어요.

❸ **He told me to** wash my hands.
그가 내게 손을 씻으라고 말했어요.

❹ **He told me to** finish my report soon.
그가 내게 보고서를 곧 끝내라고 말했어요.

Dialogue & Practice

A : Ma'am, this is no parking zone.
B : That guy told me to park here.

A : 선생님, 여기는 주차 금지 구역입니다.
B : 저 남자가 여기 주차하라고 했어요.

A : Can you go out tonight?
B : I can't. _____. (take care of)

A : 오늘 밤에 나갈 수 있어요?
B : 안돼요. 엄마가 내 여동생을 돌보라고 했어요.

Mom told me to take care of my sister

Chapter 05

수동태 패턴

■ 수동태는 'be동사+과거분사'의 형태로 쓰이는 문법 사항으로, '~되었다, ~당했다, ~해졌다' 라는 수동적인 뜻으로 쓰이는 구문입니다. 형태만 보면 be동사 패턴과 다를 바가 없지만, 수동태는 be동사 다음에 특히 '과거분사'가 온다는 점을 알아 두어야 합니다.
영어는 한국어보다도 수동태 패턴을 많이 쓰기 때문에 수동태 패턴을 익혀 두면 훨씬 세련되게 자신의 의사를 표현할 수 있습니다.

~에 깜짝 놀라다

I'm surprised at + 명사

Basic Expression

I'm surprised at the news.
그 소식에 깜짝 놀랐어요.

동사 surprise는 누군가를 '깜짝 놀라게 하다'라는 뜻이다. 무엇인가에 대해 놀랐다고 할 때는 놀란 내용(명사) 앞에 전치사 at을 놓으면 된다.

Useful Expressions

❶ **I'm surprised at** my weight.
내 체중을 보고 깜짝 놀랐어요.

❷ **I'm surprised at** the sight.
그 광경을 보고 깜짝 놀랐어요.

❸ **I'm surprised at** your running speed.
당신이 달리는 속도를 보고 깜짝 놀랐어요.

❹ **I'm surprised at** what you just said.
방금 당신이 한 말에 깜짝 놀랐어요.

Dialogue & Practice

A : They say the couple will get married.
B : What? I'm surprised at the news!

A : 그 커플이 결혼할 거라는데요.
B : 뭐라구요? 그 소식에 놀라겠는데요.

A : Wow! _____. (amount of people)
B : Yeah. It seems hundreds of people are gathered here.

A : 와! 사람들 숫자에 놀라겠는데요.
B : 그래요. 수백 명이 여기 모인 것 같네요.

I'm surprised at the amount of people

~에 충격을 받았다

I was shocked at + 명사

Basic Expression

I was shocked at his death.
그의 죽음에 충격을 받았어요.

놀란 정도를 넘어서 큰 충격을 받았을 때는 'be shocked at+명사' 패턴을 써 보자. shock은 '~에 충격을 주다'라는 타동사이므로 내가 충격을 받은 경우에는 수동태 패턴으로 사용된다.

Useful Expressions

❶ **I was shocked at** her behavior.
그녀의 행동에 충격을 받았어요.

❷ **I was shocked at** the murder case.
난 그 살인 사건에 충격을 받았어요.

❸ **I was shocked at** the test result.
시험 결과에 충격을 받았어요.

❹ **I was shocked at** the news that he got cancer.
그가 암에 걸렸다는 소식에 충격을 받았어요.

Dialogue & Practice

A : I was shocked at his death.
B : Yes. I couldn't have any sleep last night.

A : 그의 죽음에 충격을 받았어요.
B : 네. 저도 어젯밤에 한숨도 못 잤어요.

A : Is it true that Boldwin deceived you?
B : Yes. _____. (fact)

A : 볼드윈이 당신을 속였다는 게 정말이에요?
B : 네. 그 사실에 충격을 받았어요.

I was shocked at the fact

~에 관심이 있다

I'm interested in + 명사/-ing

Basic Expression

I'm interested in computers.
저는 컴퓨터에 관심이 많아요.

'~에 관심이 많다, ~하는 것에 재미를 느낀다'라고 할 때는 'be interested in+명사/-ing' 패턴을 쓴다. '~에'라는 전치사로는 in을 쓴다는 사실을 기억하도록 한다.

Useful Expressions

❶ **I'm interested in** poems and novels.
저는 시와 소설에 관심이 많아요.

❷ **I'm interested in** various fields.
저는 다양한 분야에 관심이 많아요.

❸ **I'm interested in** making furniture.
저는 가구 만드는 것에 관심이 많아요.

❹ **I'm interested in** learning foreign languages.
저는 외국어를 배우는 것에 관심이 많아요.

Dialogue & Practice

A : What kind of writings do you like?
B : I'm interested in poems and novels.

A : 어떤 종류의 글을 좋아하세요?
B : 저는 시와 소설에 관심이 많아요.

A : Why are you looking at Mr. Kim that way?
B : _____. (him)

A : 왜 미스터 김을 그런 눈으로 보세요?
B : 난 그 사람한테 관심이 있어요.

I'm interested in him

~해서 흥분하다

I'm excited to + 동사원형

Basic Expression

I'm excited to see you.
당신을 보게 돼서 흥분돼요.

excited는 '흥분시키다' 라는 뜻의 동사 excite라는 동사의 과거분사로, 'be excited to+동사원형' 의 패턴으로 '~하게 되어 흥분하다' 라는 뜻으로 많이 쓰인다.

Useful Expressions

❶ **I'm excited to** be there.
거기에 가게 돼서 흥분돼요.

❷ **I'm excited to** get to work.
직장에 가게 돼서 흥분돼요.

❸ **I'm excited to** be a daddy.
아빠가 된다니 흥분돼요.

❹ **I'm excited to** make a lot of money.
돈을 많이 벌게 되다니 흥분돼요.

Dialogue & Practice

A : I'm excited to see you.
B : I am too. I can't sit still!

A : 당신을 보게 돼서 흥분돼요.
B : 나도 그래요. 가만히 앉아 있지를 못하겠어요!

A : Are you ready to go and see Tom Cruise?
B : Yes! _____ in person! (see a movie star)

A : 톰 크루즈 보러 갈 준비 됐나요?
B : 네! 영화배우를 직접 보게 되다니 흥분돼요!

답: I'm excited to see a movie star

~가 걱정이다

171 I'm worried about + 명사/-ing

Basic Expression

I'm worried about something.
고민이 좀 있어요.

'걱정하다' 라는 뜻의 동사 worry의 과거분사 worried를 사용한 'I'm worried about+명사/-ing' 패턴은 '~에 대해 걱정하다' 라는 뜻이다.

Useful Expressions

❶ **I'm worried about** my homework.
   내 숙제 때문에 걱정이에요.

❷ **I'm worried about** your health.
   당신 건강이 걱정이에요.

❸ **I'm worried about** getting my report card.
   성적표 받는 것 때문에 걱정이에요.

❹ **I'm worried about** being single.
   애인이 없어서 걱정이에요.

Dialogue & Practice

A : Is there something wrong? You look pale.
B : I'm worried about something.

　　A : 뭐 안 좋은 일 있어요? 창백해 보여요.　　B : 고민이 좀 있어요.

A : I heard you're going on a business trip to the Middle East.
B : Yes. _____. (safety)

　　A : 당신이 중동으로 출장 갈 거라고 들었어요.
　　B : 네. 안전이 걱정이에요.

I'm worried about safety

~ 때문에 걱정이다

Pattern 172. I'm concerned about + 명사

Basic Expression

I'm concerned about my mom.
엄마 때문에 걱정이에요.

be concerned는 '걱정하다'라는 뜻 외에도 '~와 관계가 있다' 또는 '~에 관심이 있다'라는 뜻으로도 쓰이는데, 전자의 경우에는 about이 붙고, 후자의 경우에는 with가 붙는다는 차이점이 있다.

Useful Expressions

❶ **I'm concerned about** money.
돈 때문에 걱정이에요.

❷ **I'm concerned about** climate change.
난 기후 변화가 걱정이에요.

❸ **I'm concerned about** Eric's behavior.
에릭의 행동 때문에 걱정이에요.

❹ **I'm concerned about** your future.
당신의 미래가 걱정이에요.

Dialogue & Practice

A : I'm concerned about my mom.
B : Is she still in hospital?

A : 우리 엄마 때문에 걱정이에요.
B : 아직 입원해 계세요?

A : Will he make it?
B : I don't know. _____. (result)

A : 그가 해낼까요?
B : 몰라요. 결과가 걱정이에요.

I'm concerned about the result

~에 만족하다

Pattern 173: I'm satisfied with + 명사

Basic Expression

I'm satisfied with the result.
난 결과에 만족합니다.

satisfy는 누군가를 '만족시키다'라는 뜻의 타동사로, 수동태인 be satisfied는 '만족하다'라는 뜻이다. 'be satisfied with+명사/-ing'의 형태로 '~에 만족하다'라는 뜻을 나타낸다.

Useful Expressions

❶ **I'm satisfied with** my job.
내 직장에 만족합니다.

❷ **I'm satisfied with** your work.
당신 일처리에 만족합니다.

❸ **I'm satisfied with** your service.
여기 서비스에 만족합니다.

❹ **I'm satisfied with** our new product.
우리의 신제품에 만족합니다.

Dialogue & Practice

A : You've been working there over a year.
B : Yes. I'm satisfied with my job.

A : 당신 거기서 1년 넘게 일했네요.
B : 네. 내 일에 만족해요.

A : I think you have everything; love, money, and fame.
B : Yes. _____. (my life)

A : 당신은 모든 게 다 있는 것 같아요. 사랑, 돈, 명예도요.
B : 네. 내 인생이 만족스러워요.

답: I'm satisfied with my life

~에 실망하다

Pattern 174 I'm disappointed at + 명사

Basic Expression

I'm disappointed at you.
당신한테 실망했어요.

수동태인 'be disappointed at+명사' 패턴은 '~에 실망하다'라는 뜻으로 쓰이는데, 전치사 at을 쓴다는 것에 유의하자. 때때로 at 대신 in이나 with를 사용하기도 한다.

Useful Expressions

① **I'm disappointed at** his failure.
그가 실패해서 실망했어요.

② **I'm disappointed at** Mario's acting.
마리오의 연기에 실망했어요.

③ **I'm disappointed at** your way of thinking.
당신 사고방식에 실망했어요.

④ **I'm disappointed at** my son's behavior.
우리 아들의 행동에 실망했어요.

Dialogue & Practice

A : I'm disappointed at his failure.
B : Don't be. I know he did his best.

A : 그가 실패해서 실망이에요.
B : 그러지 마세요. 그 사람, 최선을 다했다는 거 난 알아요.

A : I thought you would never lose a game.
B : Please don't mention it. _____. (myself)

A : 당신은 절대 경기에서 지지 않을 거라고 생각했어요.
B : 제발 그 말은 하지 마세요. 내 자신에 실망했어요.

I'm disappointed at myself

~가 금지되어 있다

You're not allowed to +동사원형

Basic Expression

You're not allowed to smoke here.
여기서는 담배를 피울 수 없습니다.

allow는 '(~가) …하는 것을 허락하다/허용하다' 라는 뜻의 타동사로, 'to+동사원형'을 목적어로 취한다. 반대로 '~하게 허가해 달라'고 할 때는 'allow me to+동사원형' 패턴을 사용하면 된다.

Useful Expressions

❶ **You're not allowed to** feed the animals.
동물들에게 먹이를 줄 수 없습니다.

❷ **You're not allowed to** wear thick make-up.
진한 화장은 할 수 없습니다.

❸ **You're not allowed to** see this movie.
이 영화는 볼 수 없습니다.

❹ **You're not allowed to** take this on the airplane.
이것은 비행기에 반입할 수 없습니다.

Dialogue & Practice

A : Sorry, but you're not allowed to smoke here.
B : Oh, I didn't know that. I'll put this out.

> A : 죄송하지만 여기서는 담배 피우실 수 없습니다.
> B : 아, 몰랐어요. 끌게요.

A : Excuse me! _____! (run / hallway)
B : Sorry, I'm in a hurry!

> A : 여보세요! 복도에서는 뛰시면 안 돼요!
> B : 죄송하지만, 저 급해요!

You're not allowed to run in the hallway

~가 금지되어 있다

Pattern 176 — It's prohibited to + 동사원형

Basic Expression

It's prohibited to take photos here.
여기서는 사진을 찍을 수 없습니다.

부정형인 'be not allowed to+동사원형'으로 '허가되지 않다', 즉 '금지되다'라는 뜻을 나타낼 수 있지만, prohibit이란 동사를 써서도 나타낼 수 있다.

Useful Expressions

❶ **It's prohibited to** make noises.
소음을 내는 것은 금지되어 있습니다.

❷ **It's prohibited to** bring food in here.
여기에는 음식 반입이 금지되어 있습니다.

❸ **It's prohibited to** make a u-turn here.
여기서는 유턴이 금지되어 있습니다.

❹ **It's prohibited to** drink alcohols for minors.
미성년자는 음주가 금지되어 있습니다.

Dialogue & Practice

A : Let's turn around here. We should go back.
B : Wait. It's prohibited to make a u-turn here.

A : 여기서 돌아가요. 돌아가야 해요.
B : 잠깐만요. 여기서는 유턴이 금지되어 있어요.

A : _____. (marry a foreigner)
B : It's nonsense!

A : 외국인과 결혼하는 게 금지되어 있어요.
B : 말도 안 돼요!

답: It's prohibited to marry a foreigner

~하기로 되어 있다

Pattern 177: I'm supposed to + 동사원형

Basic Expression

I'm supposed to be there.
나는 거기에 가기로 되어 있어요.

suppose는 기본적으로 '가정하다, 상상하다, 추측하다'와 같은 뜻을 가지고 있는데, 특이하게도 수동형인 'be supposed to+동사원형'의 형태로는 '원래 ~하기로 되어 있다'라는 의미를 가진다.

Useful Expressions

❶ **I'm supposed to** meet someone.
누군가를 만나기로 되어 있어요.

❷ **I'm supposed to** attend the meeting.
난 그 회의에 참석하기로 되어 있어요.

❸ **I'm supposed to** eat dinner at seven.
일곱 시에 저녁을 먹기로 되어 있어요.

❹ **I'm supposed to** be on the train at five.
다섯 시에 기차를 타야 해요.

Dialogue & Practice

A : What are you doing here?
B : I'm supposed to meet someone here.

A : 여기서 뭐 하세요?
B : 여기서 누굴 좀 만나기로 되어 있어서요.

A : What are you doing this afternoon?
B : _____. (visit / doctor)

A : 오늘 오후에 뭐 하세요?
B : 병원에 가기로 되어 있어요.

I'm supposed to visit my doctor

~하기로 했었다

Pattern 178 주어 + **was/were supposed to** + 동사원형

Basic Expression

I was supposed to be at home.
나는 집에 가 있어야 했어요.

be동사를 과거형으로 하는 '주어+was/were supposed to+동사원형' 패턴은, 원래 어떻게 하기로 되어 있었는데 결과적으로 그 행위가 일어나지 않은 상태를 의미한다.

Useful Expressions

❶ My mom **was supposed to** pick me up.
   엄마가 날 데리러 오기로 했었어요.

❷ It **was supposed to** rain.
   비가 오기로 되어 있었는데.

❸ Terry **was supposed to** come by five.
   테리가 다섯 시까지 오기로 되어 있었어요.

❹ You **were supposed to** help me out.
   당신이 날 도와 주기로 했었잖아요.

Dialogue & Practice

A : It was supposed to rain today.
B : Yeah. The weather forecast proved to be wrong.

　A : 오늘 비가 오기로 되어 있었는데.
　B : 그러니까요. 일기예보가 틀린 거죠.

A : _____. (leave)
B : You're telling me.

　A : 우리는 열 시에 떠나기로 되어 있었잖아요.
　B : 내 말이 그 말이에요.

We were supposed to leave at 10

~라는 것으로 알려지다

주어 + **be known as** + 명사

Basic Expression

He **is known as** a movie director.
그는 영화 감독으로 알려졌어요.

know는 '알다'라는 뜻이고, 수동태로 쓰이면 '알려지다'라는 의미로 해석할 수 있다. 수동태 패턴은 as, for, to, by 등의 전치사를 동반하는데, 여기서 as는 '~로서'라는 뜻의 '자격'을 나타내는 전치사이다.

Useful Expressions

① Bean **is known as** a healthy food.
  콩은 건강식으로 알려져 있어요.

② Sam Walton **is known as** a wealthy man.
  샘 월튼은 부호로 알려져 있어요.

③ Golf **is known as** the royal game.
  골프는 왕실 경기로 알려져 있습니다.

④ Koreans **are known as** a diligent people.
  한국인들은 부지런한 민족으로 알려져 있습니다.

Dialogue & Practice

A : Who is Duncan Jones?
B : He **is known as** an English movie director.

　A : 던컨 존스가 누구예요?
　B : 그는 영국의 영화 감독으로 알려져 있어요.

A : How is Seattle? I've never been there.
B : _____. (peaceful city)

　A : 시애틀은 어때요? 거긴 한 번도 안 가 봤어요.
　B : 평화로운 도시로 알려져 있죠.

정답: It is known as a peaceful city

~로 유명하다

Pattern 180 주어 + **be well-known for** + 명사

Basic Expression

The restaurant **is well-known for its** steak.
그 식당은 스테이크로 유명합니다.

be known as가 '~로서 유명하다'라면, be known for는 '~로/~때문에 알려지다', 즉 어떤 이유 때문에 알려졌다는 의미이다. well-known은 '잘 알려지다', 즉 '유명하다'는 뜻의 famous와 같은 의미로 쓰인다.

Useful Expressions

❶ Samsung **is well-known for** its cell phones.
   삼성은 휴대폰으로 유명합니다.

❷ Asia **is well-known for** the air pollution.
   아시아는 대기오염으로 유명해요.

❸ Harbin **is well-known for** its icy climate.
   하얼빈은 추운 날씨로 유명합니다.

❹ Jeju island **is well-known for** its beautiful scenery.
   제주도는 아름다운 경치로 유명해요.

Dialogue & Practice

A : What's their specialty?
B : The restaurant is well-known for its steak.

   A : 거기는 뭐가 전문인데요?   B : 그 식당은 스테이크로 유명해요.

A : _____. (Tammy / her cooking)
B : I didn't know she's a good cook.

   A : 태미는 요리를 잘 하는 것으로 유명해요.
   B : 그 여자가 좋은 요리사라는 걸 몰랐네요.

답) Tammy is well-known for her cooking

~로 만들어지다

주어 + be made of + 명사

Basic Expression

This coat is made of wool.
이 코트는 모직입니다.

우리 주변의 물건들을 설명할 때 '이것은 ~로 만들어졌다'라고 하며 그 물건의 재료를 설명해야 할 경우가 많을 것이다. 이럴 때 쓸 수 있는 표현이 'be made of+명사'이다.

Useful Expressions

❶ This bell is made of bronze.
이 종은 구리로 만들어졌습니다.

❷ Her necklace is made of glass.
그녀의 목걸이는 유리로 만들어졌어요.

❸ This newspaper is made of recycled paper.
이 신문은 재생종이로 만들어졌습니다.

❹ Tires are made of rubber and others.
타이어는 고무와 다른 것들로 만들어졌습니다.

Dialogue & Practice

A : What's the material of this?
B : This coat is made of wool.

A : 이건 소재가 뭐가요?
B : 이 코트는 양털로 만들어졌습니다.

A : What is this dress made of?
B : _____. (pure cotton)

A : 이 드레스는 뭐로 만들어졌어요?
B : 이건 순면입니다.

답: It is made of pure cotton

~로 만들어지다

Pattern 182: 주어 + **be made from** + 명사

Basic Expression

Wine **is made from** grapes.
와인은 포도로 만들어집니다.

be made from은 be made of에 비해 만드는 과정이 복잡해서 여러 변형을 거쳐 결과물이 만들어진 경우에 쓰인다. 재료의 원래의 성질을 많이 잃어버린 경우라고 할 수 있다.

Useful Expressions

1. This oil **is made from** peanuts.
   이 기름은 땅콩으로 만든 겁니다.

2. Gasoline **is made from** oil.
   휘발유는 석유로 만듭니다.

3. This fuel **is made from** corn.
   이 연료는 옥수수로 만들어집니다.

4. Soy sauce **is made from** soy beans.
   간장은 대두로 만들어집니다.

Dialogue & Practice

A : This oil tastes very good.
B : It is. This **is made from** peanuts.

  A : 이 기름 맛이 참 좋은데요.   B : 그렇죠. 이건 땅콩으로 만들었어요.

A : _____. (milk)
B : I know that. Do you think I was born yesterday?

  A : 치즈는 우유로 만들어져요.
  B : 나도 그건 알아요. 내가 바보 줄 알아요?

답) Cheese is made from milk

Pattern 183

~와 관련 있다

주어 + **be related to** + 명사

Basic Expression

The story **is related to** Helen Keller.
그 이야기는 헬렌 켈러와 관련 있습니다.

relate는 '관련시키다'라는 뜻의 타동사로, 이것 역시 'be related to+명사'의 형태로 쓰이면 '~가 …와 관련되다'라는 수동태의 의미를 가지게 된다.

Useful Expressions

1. Cancer **is related to** smoking.
   암은 흡연과 관련 있습니다.

2. This song **is related to** his death.
   이 노래는 그의 죽음과 관련 있습니다.

3. The photo **is related to** Korean war.
   그 사진은 한국 전쟁과 관련 있습니다.

4. The case **is related to** his past.
   그 사건은 그 사람의 과거와 관련 있습니다.

Dialogue & Practice

A : What's the story about?
B : It's related to Helen Keller.

   A : 그 이야기는 무슨 내용이에요?   B : 헬렌 켈러와 관련된 거예요.

A : Do you know what the movie is about?
B : I heard _____. (English history)

   A : 그 영화가 무엇에 관한 건지 알아요?
   B : 영국 역사와 관련 있다고 들었어요.

답: it's related to English history

~와 관련되다

Pattern 184 : 주어 + **be connected to** + 명사

Basic Expression

That **is connected to** climate change.
그것은 기후 변화와 관련 있습니다.

connect 역시 두 가지 이상의 무엇인가를 연결할 때 '관계시키다, 연결하다' 라는 뜻으로 쓰이는 타동사이다. connected도 related와 마찬가지로 전치사 to와 명사를 동반한다.

Useful Expressions

❶ It **is connected to** the printer.
그것은 프린터와 연결되어 있어요.

❷ This **is connected to** the Internet.
이것은 인터넷에 연결되어 있어요.

❸ Mind **is connected to** body.
정신은 신체와 연관되어 있습니다.

❹ The bus **is connected to** the subway.
버스는 지하철과 연결됩니다.

Dialogue & Practice

A : I can't print out from my computer.
B : Use mine. It is connected to the printer.

A : 내 컴퓨터에서 프린트가 안 돼요.
B : 내 거를 쓰세요. 그건 프린터에 연결되어 있어요.

A : _____. (Mr. Brown)
B : Thank you.

A : 브라운 씨와 연결되셨습니다.
B : 감사합니다.

You're connected to Mr. Brown

~라고 들었다

I was told + 주어 + 동사

Basic Expression

I was told you're the best.
당신이 최고라고 들었어요.

'I was told+(that)+주어+동사'의 패턴으로 '~가 …했다는 얘기를 들었다'라는 말이다. 단순히 I heard라고 하는 대신 I was told라고 말한다면 한층 업그레이드된 표현력을 자랑할 수 있을 것이다.

Useful Expressions

❶ **I was told** he is coming.
그 사람이 올 거라고 들었습니다.

❷ **I was told** Jamie won the first prize.
제이미가 1등상을 받았다고 들었어요.

❸ **I was told** his father passed away.
그 사람 아버지가 돌아가셨다고 들었어요.

❹ **I was told** dogs shed tears.
개도 눈물을 흘린다고 들었어요.

Dialogue & Practice

A : How did you know my name?
B : Well... **I was told** you are the best.

A : 어떻게 제 이름을 아셨어요?
B : 글쎄요… 당신이 최고라고 들었거든요.

A : Do you know how it went wrong?
B : _____. (Emma / make a mistake)

A : 그 일이 왜 틀어졌는지 아세요?
B : 에마가 실수를 했다고 들었어요.

정답: I was told Emma made a mistake

~하도록 요청받다

Pattern 186 : I was asked to + 동사원형

Basic Expression

I was asked to work overtime.
나는 시간 외 근무를 하라는 요청을 받았습니다.

ask는 '~해 달라고 부탁하다' 또는 '요구하다'라는 말이기 때문에 수동형 'be asked to+동사'는 '~해 달라는 부탁을 받다, 요청을 받다'라는 의미가 된다.

Useful Expressions

❶ **I was asked to** keep his mail.
나는 그의 우편물을 가지고 있어 달라는 요청을 받았습니다.

❷ **I was asked to** sing a song.
나는 노래해 달라는 요청을 받았어요.

❸ **I was asked to** leave right away.
나는 바로 떠나 달라는 요청을 받았어요.

❹ **I was asked to** clean the boss's room.
나는 사장님 방을 청소하라는 요청을 받았어요.

Dialogue & Practice

A : What time will you get off?
B : I'm not sure. I was asked to work overtime.

A : 몇 시에 퇴근하실 거예요?
B : 잘 모르겠어요. 시간 외 근무를 해 달라는 요청을 받아서요.

A : What are you doing with Sidney's computer?
B : _____. (fix)

A : 시드니의 컴퓨터로 뭘 하세요?
B : 이걸 고쳐 달라고 부탁을 받아서요.

I was asked to fix this

Chapter 06

의문사 패턴

의문사 패턴은 Wh-로 대표되는 What, Who, When, Where, How, Why 여섯 가지의 의문사를 이용한 패턴을 말합니다. 의문사이므로 '무엇이, 누가, 언제, 어디서, 어떻게, 왜'로 시작하는 의문문에서 쓰인다는 것을 알아 둡시다.
Wh-는 의문문 외에도 '관계대명사'라는 이름으로 평서문 가운데 삽입되어 쓰이기도 하는데, 이 책이 문법책이 아니라 패턴책인 만큼 문법적인 이름은 잊어 버려도 좋습니다.
패턴만 외워 두면 문법은 나중에 깨칠 수 있습니다!

무엇을?

What do you + 동사원형 ~ ?

Basic Expression

What do you want? 뭘 원하세요?

Do you ~?, Are they ~?, Can you ~?와 같이 be동사나 조동사를 사용할 때는 의문사가 필요 없지만, '무엇이, 누가, 언제, 어디서, 어떻게, 왜'와 같은 질문을 할 때는 what, which, who, when, where, how, why와 같은 의문사를 문장 맨 앞에 내세운 다음 동사와 주어를 붙인다.

Useful Expressions

❶ **What do you** do?
무슨 일을 하세요? (직업이 뭐예요?)

❷ **What do you** do for fun?
취미로 뭘 하세요?

❸ **What do you** have in your mouth?
입에 뭐가 있는 거예요?

❹ **What do you** call this in English?
이걸 영어로 뭐라고 부르나요?

Dialogue & Practice

A : **What do you** do for fun?
B : I make pottery.
　　A : 취미로 뭘 하세요?　　B : 도자기를 만들어요.

A : _____? (think of)
B : Sorry, but I have no idea. I don't have an eye for paintings.
　　A : 내 그림이 어때요?
　　B : 미안하지만 모르겠어요. 저는 그림 보는 눈이 없거든요.

What do you think of my paintings

무슨 일이 일어났어요?

Pattern 188: **What happened to** + 명사?

Basic Expression

What happened to your son?
당신 아들한테 무슨 일이 생긴 거예요?

happen은 '생기다, 발생하다, 일어나다'라는 뜻으로, '무슨 일이 일어났어?'라고 물어볼 때 의문사 what을 써서 What happened?라고 말한다.

Useful Expressions

❶ **What happened to** Japan?
일본에서 무슨 일이 일어났어요?

❷ **What happened to** my teeth?
내 이에 무슨 일이 생긴 거지?

❸ **What happened to** this computer?
이 컴퓨터에 무슨 일이 생긴 거죠?

❹ **What happened to** winter?
겨울에 무슨 일이 생긴 거야?

Dialogue & Practice

A : **What happened to** this computer?
B : I don't know. It's been down from this morning.

A : 이 컴퓨터가 왜 이러죠?
B : 모르겠어요. 오늘 아침부터 다운되어 있어요.

A : _____? (battery)
B : It keeps going out. It's time to change.

A : 배터리가 왜 이러죠?
B : 계속 배터리가 나가요. 바꿔야 할 때가 됐어요.

답: What happened to this battery

어떤 종류?

189 What kind of + 명사 + do you + 동사?

Basic Expression

What kind of music do you like?
어떤 종류의 음악을 좋아하세요?

'What kind of+명사+do you' 다음에는 like, want, do, have 등의 동사를 자주 쓰는데, '어떤 ~을 좋아하느냐, 원하느냐, 하느냐, 갖고 있느냐' 등으로 자주 쓰이므로 동사도 함께 붙여 익혀 두는 것이 좋다.

Useful Expressions

❶ **What kind of** job **do you** want?
어떤 직업을 원하세요?

❷ **What kind of** sport **do you** do?
어떤 운동을 하세요?

❸ **What kind of** pet **do you** raise?
어떤 애완동물을 키우세요?

❹ **What kind of** shoes **do you** have in mind?
어떤 종류의 신을 생각하고 있어요?

Dialogue & Practice

A : What kind of music do you like?
B : I like jazz the best.

　A : 어떤 음악을 좋아하세요?
　B : 재즈를 제일 좋아해요.

A : _____? (do / raise)
B : An American Cocker Spaniel.

　A : 어떤 종류의 개를 키우세요?
　B : 아메리칸 코커 스패니얼이요.

What kind of dog do you raise

무엇 때문에?

Pattern 190 : What made you + 동사원형 ~?

Basic Expression

What made you come here?
여긴 어쩐 일로 오셨어요?

의문사 what과 make가 같이 쓰여서 What makes you라고 하면 '무엇이 당신으로 하여금 ~을 하게 했느냐' 라는 말인데, 이는 '무엇 때문에 당신이 ~하느냐' 처럼 바꿔서 해석하는 것이 이해하기 쉽다.

Useful Expressions

❶ **What made you** change your mind?
무엇 때문에 마음을 바꾸셨어요?

❷ **What made you** join the club?
무엇 때문에 그 클럽에 가입했어요?

❸ **What made you** decide to study abroad?
무엇 때문에 유학하기로 결심했어요?

❹ **What made you** think you're special?
어쩌다가 당신이 특별하다고 생각하게 됐어요?

Dialogue & Practice

A : What made you come here?
B : I just wanted to see you.

A : 여기 어쩐 일로 오셨어요?   B : 그냥 당신이 보고 싶었어요.

A : _____? (leave)
B : I was tired of dry city life.

A : 서울을 어떻게 떠나신 거예요?
B : 무미건조한 대도시 생활에 염증이 나서요.

답: What made you leave Seoul

몇 시에?

Pattern 191 What time do/does +주어+동사~?

Basic Expression

What time do you go to work?
몇 시에 출근하세요?

'지금 몇 시야?'는 What time is it?이라고 하면 되고, '~가 …하는 게 몇 시야?' 하고 물을 때는 'What time do/does+주어+동사~?' 패턴을 사용하면 된다.

Useful Expressions

❶ **What time do** you get off?
   몇 시에 퇴근하세요?

❷ **What time do** we board the plane?
   몇 시에 비행기에 탑승하나요?

❸ **What time does** the bus arrive there?
   몇 시에 버스가 거기 도착해요?

❹ **What time does** the shop open?
   몇 시에 그 가게가 열어요?

Dialogue & Practice

A : What time do you go to work?
B : I go to work by 8:30.

   A : 몇 시에 출근하세요?
   B : 여덟 시 반까지 갑니다.

A : _____ ? (movie start)
B : I think I should call to check that out.

   A : 영화가 몇 시에 시작하나요?
   B : 전화해서 알아봐야겠어요.

답: What time does the movie start

만약 ~하다면?

Pattern 192: **What if** + 주어 + 동사 ~ ?

Basic Expression

What if you are wrong? 당신이 틀렸다면요?

What if you are wrong?은 What happens if you are wrong? 또는 What would you do if you are wrong? 등으로 말할 수 있는 것을 줄여서 What if~?라고 한 것이다. 우리말로 '~했다면 어떨까?' 라는 것을 '~했다면?' 하고 줄여서 표현하는 것과 마찬가지라고 생각하면 된다.

Useful Expressions

1. **What if** it rains?
   비가 온다면요?

2. **What if** I was late?
   내가 늦었다면 어떻게 됐을까요?

3. **What if** he fails the exam?
   그가 시험에서 떨어지면요?

4. **What if** I can't finish it in time?
   내가 시간 맞춰 못 끝내면 어떻게 해요?

Dialogue & Practice

A : **What if** you are wrong?
B : I'll give you a hundred dollars.

A : 당신이 틀렸다면요?
B : 백 달러 드릴게요.

A : _____? (say no)
B : No, you wouldn't say that.

A : 내가 안 된다고 하면요?
B : 아뇨, 당신은 그러지 않을 거예요.

What if I say no

정말 ~한데요!

Pattern 194 — How + 형용사

Basic Expression

How fast! 정말 빠른데요!

의문사를 이용한 감탄문은 what 감탄문 외에도 how 감탄문이 있다. how는 명사 없이 바로 형용사를 받아 'How+형용사!'의 패턴으로 '정말 ~한데!'라는 뜻을 나타낸다.

Useful Expressions

❶ **How** exciting!
정말 신나는데!

❷ **How** interesting!
정말 재미있는데!

❸ **How** kind!
친절도 해라!

❹ **How** romantic!
정말 로맨틱해!

Dialogue & Practice

A : Look he's running!
B : How fast!

A : 저 사람 뛰는 거 좀 봐요!
B : 정말 빠른데요!

A : I solved the math problem already.
B : _____! (smart)

A : 그 수학 문제 이미 풀었어요.
B : 정말 똑똑해!

How smart

~가 무얼 …하는지 알아요?

Do you know what + 주어 + 동사 ~ ?

Basic Expression

Do you know what I mean?
내 말이 무슨 말인지 알겠어요?

what이 의문문의 문두에 쓰이지 않고, 이렇게 know, find, remember, say, see, tell 등의 동사의 목적어로 쓰이는 경우가 있다. 이 때 what절 다음에는 주어와 동사를 동반한다.

Useful Expressions

❶ **Do you know what** this is?
이게 뭔지 알아요?

❷ **Do you know what** she said?
그녀가 무슨 말을 했는지 알아요?

❸ **Do you know what** Mom wants?
엄마가 원하는 게 뭔지 알아요?

❹ **Do you know what** it feels like?
그게 어떤 느낌인지 알아요?

Dialogue & Practice

A : Do you know what I mean?
B : No, not at all.

A : 내 말이 무슨 말인지 알겠어요?   B : 아뇨, 전혀요.

A : _____? (are eating)
B : No, don't say that. I don't want to know.

A : 당신이 뭘 먹고 있는지 알아요?
B : 아뇨, 말하지 말아요. 알고 싶지 않아요.

Do you know what you're eating

~는 어때요?

What's + 명사 + like?

Basic Expression

What's he like? 그 사람 어떤 사람이에요?

'What's+명사+like?' 패턴은 '~가 어떠니?, ~는 어떤 것/사람이니?' 하고 사람이나 물건이 전반적으로 어떤 성향을 갖고 있는 것인지 물어볼 때 자주 쓰는 패턴으로, how를 사용해서 How is he?, How is that? 하고 묻는 것과 같은 의미이다.

Useful Expressions

❶ **What's** your teacher **like?**
당신 선생님은 어떤 사람이에요?

❷ **What's** the new manager **like?**
새 부장님은 어떤 사람이에요?

❸ **What's** the apartment **like?**
그 아파트는 어때요?

❹ **What's** the weather **like?**
날씨는 어때요?

Dialogue & Practice

A : What's your teacher like?
B : He's like a child.

　　A : 당신 선생님은 어떤 사람이에요?
　　B : 그분은 어린애 같아요.

A : _____? (new office)
B : It's kind of small but cozy.

　　A : 당신 새 사무실은 어때요?
　　B : 좀 작은 편인데 안락해요.

What's your new office like

Pattern 197

That's what + 주어 + 동사

그게 바로 ~이다

Basic Expression

That's what he likes.
그게 바로 그가 원하는 거예요.

'그게 바로 ~한 것이다'라는 말을 할 때는 'That's what+주어+동사' 패턴을 써 보자. 여기서 what은 '~한 것'이라는 명사절을 이끌어 is의 보어 역할을 한다.

Useful Expressions

❶ **That's what** he wants.
그게 그 사람이 원하는 거예요.

❷ **That's what** they say.
그 사람들은 그렇게 말해요.

❸ **That's what** you think.
그건 당신 생각이구요.

❹ **That's what** I am thinking.
저도 그렇게 생각하고 있습니다.

Dialogue & Practice

A : How about going fishing instead of seeing a movie?
B : **That's what** I want.

A : 영화 보는 대신에 낚시하러 가는 거 어때요?
B : 바로 그게 내가 원하는 거예요.

A : Do you have to look after Kim's kids?
B : _____. (do)

A : 김의 아이들을 돌봐야 하는 거예요?
B : 그게 내가 하는 일인데요, 뭐.

That's what I do

그건 ~한 게 아니다

Pattern 198

That's not what + 주어 + 동사

Basic Expression

That's not what I mean.
내 말은 그게 아니에요.

That's what의 부정형 That's not what 패턴 역시 자주 쓰인다. 상대방이 잘못 알고 있는 경우 '그건 ~가 아니다' 하고 부정할 땐 'That's not what+주어+동사' 패턴을 사용해서 말해 보자.

Useful Expressions

① **That's not what** he did.
그가 그런 게 아니에요.

② **That's not what** Mom said.
엄마 말은 그게 아니에요.

③ **That's not what** we found.
우리가 찾은 건 그게 아니에요.

④ **That's not what** I hope for.
그건 내가 바라는 게 아니에요.

Dialogue & Practice

A : So, you mean you care about Thomas?
B : No, that's not what I mean.

A : 그래서 당신은 토마스한테 관심이 있다는 말이죠?
B : 아니요, 내 말은 그게 아니에요.

A : Imagine your wealthy and successful future.
B : Well... _____. (dream of)

A : 너의 부유하고 성공적인 미래를 상상해 보렴.
B : 글쎄요… 그건 제가 꿈꾸는 게 아니에요.

That's not what I dream of

어떻게?

Pattern 199 **How do you** + 동사원형 ~?

Basic Expression

How do you spell that? 철자가 어떻게 되죠?

how는 '어떻게'라는 뜻의 의문사로, 문두에 쓰이면 '어떻게 ~하죠?'라는 의문문을 만들 수 있다. 여기서는 주어를 you로 삼아 '당신은 어떻게 ~합니까?'라는 뜻의 'How do you+동사원형~?' 패턴을 익혀 보자.

Useful Expressions

❶ **How do you** go to work?
직장에는 어떻게 가세요?

❷ **How do you** keep in shape?
어떻게 그렇게 몸매를 유지하세요?

❸ **How do you** pronounce this?
이거 어떻게 발음하지요?

❹ **How do you** like your coffee?
커피는 어떻게 하는 게 좋으세요?

Dialogue & Practice

A : How do you go to work?
B : Usually by subway.

A : 직장에는 어떻게 가세요?
B : 주로 지하철로 가지요.

A : _____ ? (know that)
B : Eva told me.

A : 당신이 그걸 어떻게 알아요?
B : 에바가 말해 줬어요.

답: How do you know that

얼마나 자주~?

Pattern 200: How often do you + 동사원형 ~ ?

Basic Expression

How often do you go fishing?
얼마나 자주 낚시하러 가세요?

how는 다른 의문사들에 비해 often, long, many, much, old, soon 등 형용사나 부사와 함께 결합하여 보다 폭넓게 쓰인다. how often은 '얼마나 자주' 라는 뜻이다.

Useful Expressions

① **How often do you** eat out?
얼마나 자주 외식을 하세요?

② **How often do you** see him?
그를 얼마나 자주 보나요?

③ **How often do you** visit your parents?
부모님께 얼마나 자주 가 보세요?

④ **How often do you** change your password?
비밀번호는 얼마나 자주 바꾸세요?

Dialogue & Practice

A : How often do you go fishing?
B : Once or twice a month, I think.

　A : 얼마나 자주 낚시하러 가세요?
　B : 한 달에 한두 번 정도 가는 것 같아요.

A : _____? (work out)
B : I do yoga every morning.

　A : 얼마나 자주 운동을 하세요?
　B : 매일 아침마다 요가를 해요.

답: How often do you work out

몇 명[개]~?

How many + 명사 + are there + 부사구?

Basic Expression

How many people are there in your family?
식구가 몇 명이에요?

how는 '어떻게'라는 의문대명사이면서 형용사나 부사를 수식하여 How many, How long, How far 등의 형태로도 자주 쓰이므로 표현 범위가 가장 넓은 의문사이다.

Useful Expressions

❶ **How many** days **are there** in a week?
일주일에 며칠이 있어요?

❷ **How many** stars **are there** in the sky?
하늘에는 별이 얼마나 많이 있어요?

❸ **How many** apples **are there** in the box?
그 상자에 사과가 몇 개나 있어요?

❹ **How many** birds **are there** in the cage?
새장에 새가 몇 마리 있어요?

Dialogue & Practice

A : How many people are there in your family?
B : There are four; my mom and dad, my brother and me.

A : 식구가 몇 명이에요?
B : 네 명이에요. 엄마, 아빠, 남동생, 그리고 저요.

A : _____ _____? (book / shelf)
B : There are five.

A : 선반 위에 책이 몇 권 있어요?
B : 다섯 권이요.

How many books are there on the shelf

얼마나 자주~?

Pattern 202 How many times +조동사+주어+동사~?

Basic Expression

How many times should I tell you?

얼마나 자주 얘기해 줘야 해요?

How many 다음에 오는 명사 중에 특히 times는 자주 결합해서 말하는 경우가 많다. '얼마나 많이, 몇 번이나 ~하는가?' 라는 뜻으로, 상황에 따라 조동사를 바꾸어 가며 말하면 된다.

Useful Expressions

❶ **How many times** have I told you?
내가 몇 번이나 말했어요?

❷ **How many times** have you been abroad?
해외에는 몇 번 가 보셨어요?

❸ **How many times** do you exercise a week?
일주일에 몇 번 운동하세요?

❹ **How many times** do I have to take these pills?
이 알약은 몇 번 복용해야 해요?

Dialogue & Practice

A : How many times do I have to take these pills?
B : Three times a day after every meal.

A : 이 알약은 몇 번 복용해야 하나요?
B : 하루에 세 번, 식후에요.

A : _____? (drink coffee)
B : A couple of times a day.

A : 몇 번 정도 커피를 드세요?
B : 하루에 두어 번쯤요.

How many times do you drink coffee

얼마나 많이 ~?

How much + 조동사 + 주어 + 동사 ~ ?

Basic Expression

How much do you have? 얼마나 있어요?

How many와 How much는 둘 다 '얼마나 많이'라는 뜻이지만 쓰임에 큰 차이가 있다. 사람, 동물, 책처럼 셀 수 있는 명사에는 many를 쓰고 물이나 우유 같은 액체류, 돈, 빵처럼 셀 수 없는 명사에는 much를 쓴다.

Useful Expressions

❶ **How much** do I owe you?
  얼마를 드려야 하나요?

❷ **How much** does it cost?
  비용이 얼마나 드나요?

❸ **How much** will that be?
  비용이 얼마나 될까요?

❹ **How much** would you like to exchange?
  얼마나 환전해 드릴까요?

Dialogue & Practice

A : **How much** will that be?
B : Give me a second and let me calculate.

  A : 그게 비용이 얼마나 될까요?
  B : 시간을 좀 주시면 계산해 볼게요.

A : _____ ? (they want for)
B : About a hundred dollars.

  A : 이걸 얼마 달라고 그래요?
  B : 약 백 달러요.

답: How much do they want for this

얼마나 오래~?

Pattern 204: **How long** + 조동사 + 주어 + 동사 ~ ?

Basic Expression

How long does it take? 시간이 얼마나 걸려요?

How long ~?으로 묻는 질문은 시간의 경과를 묻는 것으로, '얼마나 오래' 라는 뜻이다. 'How long+조동사+주어+동사~?' 패턴을 통해서 '얼마나 오래 ~하는가?' 라는 뜻을 표현해 보자.

Useful Expressions

❶ **How long** do we have?
시간이 얼마 남았어요?

❷ **How long** do you need?
시간이 얼마나 필요하세요?

❸ **How long** will you stay in Seoul?
서울에 얼마 동안 머무를 거예요?

❹ **How long** have you been living in Seoul?
서울에 얼마나 오래 사셨어요?

Dialogue & Practice

A : **How long** does it take?
B : It takes about an hour.

   A : 시간이 얼마나 걸려요?   B : 한 시간 정도 걸려요.

A : _____? (have you been waiting)
B : It's was not that long.

   A : 여기서 얼마나 오래 기다리셨어요?
   B : 그리 오래 있지 않았어요.

How long have you been waiting

~ 어때요?

Pattern 205: How about + 명사/-ing ~ ?

Basic Expression

How about a cup of coffee?
커피 한 잔 어때요?

의문사 how의 독특한 패턴 중의 하나인 'How about+명사/-ing~?' 패턴은 상대방에게 무엇을 제안할 때 쓰는 표현으로서, '~ 어때요?, ~할까요?' 하는 말이다.

Useful Expressions

1. **How about** a quick bite?
   간단하게 좀 먹을까요?

2. **How about** this one?
   이건 어때요?

3. **How about** going to the movies?
   영화관에 가는 거 어때요?

4. **How about** having lunch with me tomorrow?
   나랑 내일 점심 하는 거 어때요?

Dialogue & Practice

A : How about a cup of coffee?
B : Sounds great!

　A : 커피 한 잔 어때요?
　B : 그거 좋네요!

A : _____? (another beer)
B : No, thank you.

　A : 맥주 한 잔 더 어때요?
　B : 괜찮아요, 됐습니다.

답: How about another beer

~ 안 할래요?

Why don't you + 동사원형 ~ ?

Basic Expression

Why don't you come with me?
나랑 같이 안 갈래요?

How about ~?는 무엇인가를 제안할 때 쓰는 표현이지만 명사만 쓸 수 있는 제약이 있는 반면, 'Why don't you+동사원형 ~?'은 주어와 동사를 바꿔서 다양하게 표현할 수 있는 패턴이다.

Useful Expressions

❶ **Why don't you** ask someone else?
다른 사람한테 알아보는 게 어때요?

❷ **Why don't you** drop by around six?
여섯 시쯤 안 들르시겠어요?

❸ **Why don't you** have a seat?
좀 앉으시지요?

❹ **Why don't you** have your hair cut?
머리를 좀 자르지 그래요?

Dialogue & Practice

A : Why don't you drop by around six?
B : Let's make it seven, then.

A : 여섯 시쯤 안 들르시겠어요?   B : 그럼 일곱 시로 하죠.

A : _____ ? (take a break)
B : No, I have to finish this by today.

A : 좀 쉬시지 그래요?
B : 아니에요. 오늘까지 이거 마쳐야 해요.

답: Why don't you take a break

어떻게 ~해야 할지 모르겠다

207 I don't know how to + 동사원형

Basic Expression

I don't know how to dance.
난 춤추는 법을 몰라요.

how는 to부정사와 결합해서 '~하는 방법'이라는 뜻으로 자주 쓰인다. 또한 의미상 동사 know, tell, teach, learn 등과 주로 결합하여 '~하는 법을 알다, 말해 주다, 가르치다, 배우다' 등으로 쓰인다.

Useful Expressions

❶ **I don't know how to** stop this.
이거 어떻게 멈추는지 몰라요.

❷ **I don't know how to** take this.
이걸 어떻게 받아들여야 할지 모르겠어요.

❸ **I don't know how to** ride a bike.
자전거 타는 방법을 몰라요.

❹ **I don't know how to** answer his question.
그 사람 질문에 어떻게 답해야 할지 모르겠어요.

Dialogue & Practice

A : Why don't you dance with me?
B : No, I can't. I don't know how to dance.

  A : 나랑 춤추시지 그래요?
  B : 안 돼요. 춤을 어떻게 추는지 몰라요.

A : _____. (drive)
B : It's okay. Let me take the wheel.

  A : 난 운전할 줄 몰라요.
  B : 괜찮아요. 제가 운전할게요.

정답: I don't know how to drive

어떻게 ~할 수 있는지 알려 주세요

Pattern 208 : Tell me how I can + 동사원형

Basic Expression

Tell me how I can get there.
거기 어떻게 가는지 가르쳐 주세요.

how 다음에 바로 to동사를 붙여서 '어떻게 ~하는지' 라는 말을 할 수도 있지만, 주어와 동사를 모두 나타내어 'how+주어+동사'의 패턴으로 '~가 어떻게 …하는지' 라고 말할 수도 있다.

Useful Expressions

❶ **Tell me how I can** persuade him.
그 사람을 어떻게 설득시킬 수 있는지 알려 주세요.

❷ **Tell me how I can** dress well.
어떻게 하면 옷을 잘 입는지 알려 주세요.

❸ **Tell me how I can** use your phone.
당신 전화기를 어떻게 사용하면 되는지 알려 줘요.

❹ **Tell me how I can** apply for passport.
여권을 어떻게 신청하는지 알려 주세요.

Dialogue & Practice

A : Tell me how I can get there.
B : Take bus number 9 on the opposite side.

A : 거기 어떻게 가야 할지 알려 주세요.
B : 길 건너에서 9번 버스를 타세요.

A : _____. (get a refund)
B : Sorry, sir. This item is not refundable.

A : 이거 어떻게 환불할 수 있는 건지 알려 주세요.
B : 죄송합니다. 하지만 이 품목은 환불이 안 됩니다.

Tell me how I can get a refund on this

~는 누구예요?

Pattern 209: Who is + 명사?

Basic Expression

Who is she? 그녀는 누구예요?

who는 의문사 중에서도 사람을 가리켜 '누구' 라는 뜻을 가지는 의문대명사의 역할을 하는데, 주어 자리에 쓰이기 때문에 who 다음에는 바로 동사가 나올 수 있다.

Useful Expressions

❶ **Who is** it?
누구세요?

❷ **Who is** the big lady?
저기 뚱뚱한 여자 분은 누구예요?

❸ **Who is** your favorite singer?
당신이 가장 좋아하는 가수는 누구예요?

❹ **Who is** the best in your team?
당신 팀에서 제일 잘 하는 선수는 누구예요?

Dialogue & Practice

A : Who is it?
B : It's me, David.

A : 누구세요?
B : 저예요, 데이빗요.

A : _____? (tallest / class)
B : Drake, I guess.

A : 너희 반에서 키가 제일 큰 사람이 누구니?
B : 드레이크 같은데요.

답: Who is the tallest in your class

~한 사람은 …이다

주어 + be동사 + **the one who** + 동사

Basic Expression

I'm the one who just called.
방금 전화한 사람입니다.

who를 비롯한 여러 의문사들은 문법적으로 '관계대명사'라는 역할을 맡기도 하는데, 쉽게 말해서 어떤 명사에 대해 부연 설명을 해 주는 기능을 가진다.

Useful Expressions

❶ He's the one who told it to Tom.
탐에게 그걸 말한 사람은 그예요.

❷ You're the one who started fighting.
싸우기 시작한 사람은 당신이에요.

❸ Mary is the one who help me.
메리가 나를 도와 준 사람이에요.

❹ This is the one who hit me.
이 사람이 나를 때린 사람이에요.

Dialogue & Practice

A : Excuse me. I'm the one who just called.
B : Yes, how can I help you?

A : 죄송합니다만 방금 전화한 사람입니다.
B : 네, 어떻게 도와 드릴까요?

A : Daniel, finish this report before you leave the office.
B : Hey, _____. (give order)

A : 다니엘, 퇴근하기 전에 이 보고서 끝내세요.
B : 이것 봐요, 여기서 명령을 내리는 사람은 나예요.

I'm the one who gives orders here

어떤 거예요?

Which + 명사 + is ~?

Basic Expression

Which one is yours? 당신 것은 어느 거예요?

which는 '어느 것'이라는 의문대명사로 쓰이면 which is 하고 바로 동사를 취하는데, 여기에서처럼 'Which+명사+is ~?' 하고 명사를 꾸밀 때는 '어느'라는 형용사로 사용된 것이다.

Useful Expressions

❶ **Which** dress **is** better?
어느 드레스가 더 나아요?

❷ **Which** expression **is** more common?
어떤 표현이 더 보편적이에요?

❸ **Which** way **is** to Marriot Hotel?
메리어트 호텔로 가는 게 어느 길이에요?

❹ **Which** song **is** the most popular these days?
어떤 노래가 요즘 제일 인기예요?

Dialogue & Practice

A : Which one is yours?
B : The long one.

A : 어떤 게 당신 거예요?   B : 긴 거요.

A : _____ ? (book / interesting)
B : The one written by Morgan. It won't let you down.

A : 어느 책이 더 재미있어요?
B : 모건이 쓴 책요. 실망 안 하실 거예요.

Which book is more interesting

~한 …가 좋다

Pattern 212: **I like** + 명사 + **which** + 동사

Basic Expression

I like dresses **which** have laces.
나는 레이스 있는 드레스가 좋아요.

'I like+명사+which+동사' 패턴을 통해서 사물을 대신하는 관계대명사 which의 기본적인 사용법을 알아보자.

Useful Expressions

1. **I like** a room **which** commands a fine view.
   저는 경치가 좋은 방이 좋아요.

2. **I like** furniture **which** makes me comfortable.
   나를 편안하게 해 주는 가구가 좋아요.

3. **I like** dogs **which** have white fur.
   털이 하얀 개가 좋아요.

4. **I like** movies **which** are directed by her.
   그 사람이 감독한 영화가 좋아요.

Dialogue & Practice

A : What kind of dress do you like?
B : I like dresses which have laces.

> A : 어떤 스타일의 드레스가 좋아요?
> B : 레이스가 달린 드레스가 좋아요.

A : _____. (is made carefully)
B : Who wouldn't?

> A : 저는 정성껏 만든 음식이 좋아요.
> B : 안 그런 사람이 있겠어요?

I like food which is made carefully

언제?

When did + 주어 + 동사원형 ~?

Basic Expression

When did it happen? 언제 그 일이 일어났어요?

when은 '언제'라는 뜻의 의문사로, 'When+조동사+주어+동사원형~?' 또는 'When is+주어~?' 패턴으로 자주 쓰인다. 여기서는 조동사 did를 써서 과거의 일을 물어보는 'When did+주어+동사원형~?' 패턴이다.

Useful Expressions

❶ **When did** he come back?
언제 그 사람이 왔어요?

❷ **When did** you leave Seoul?
언제 서울을 떠나셨어요?

❸ **When did** you meet him first?
언제 그 사람과 처음 만났어요?

❹ **When did** she say she would call?
그녀가 언제 전화할 거라고 했어요?

Dialogue & Practice

A : When did it happen?
B : A week ago.

A : 언제 그 일이 일어난 거예요?
B : 일주일 전에요.

A : _____? (arrive)
B : I just got here.

A : 언제 여기 도착했어요?
B : 방금 도착했어요.

When did you arrive here

내가 ~일 때 …했다

Pattern 214: I + 동사 + when I was

Basic Expression

I studied hard when I was at school.
나는 학교 다닐 때 열심히 공부했어요.

자신의 과거 행적에 대해서 말할 때 'I+동사+when I was'의 형태를 써서 '내가 ~일 때 나는 …했다'라는 말을 자주 하게 되는데, 이를 통해 when절과 주절이 함께 사용되는 패턴을 연습해 보자.

Useful Expressions

❶ **I became** a Christian **when I was** young.
나는 젊었을 때 기독교 신자가 됐어요.

❷ **I cut** my finger **when I was** cooking.
요리를 하다가 손가락을 베었어요.

❸ **I left** home **when I was** your age.
나는 당신 나이 때 집을 떠났어요.

❹ **I got** married **when I was** 25 years old.
나는 스물다섯 살에 결혼했어요.

Dialogue & Practice

A : I studied hard when I was at school.
B : Everybody says that.

A : 나는 학교 다닐 때 공부를 열심히 했어요.　B : 다들 그렇게 말하죠.

A : _____. (travel / in college)
B : I wish I could.

A : 저는 대학 다닐 때 여행을 많이 했어요.
B : 저도 그랬으면 좋았을 텐데 말이에요.

답: I traveled a lot when I was in college

~가 어디 있어요?

Where is + 명사?

Basic Expression

Where is the restroom? 화장실이 어디 있어요?

의문사 where는 '어디에'라는 장소를 나타내는 의문부사로 쓰인다. '~가 어디에 있어요?'라는 간단한 의미를 'Where is+명사?' 패턴을 통해 연습해 보자.

Useful Expressions

❶ **Where is** the light switch?
전등 스위치가 어디 있어요?

❷ **Where is** the taxi stand?
택시 승강장이 어디 있어요?

❸ **Where is** my luggage?
내 짐이 어디에 있죠?

❹ **Where is** the nearest subway station?
제일 가까운 지하철 역이 어디 있죠?

Dialogue & Practice

A : Where is the restroom?
B : On the second floor.

> A : 화장실이 어디 있죠?
> B : 2층에 있습니다.

A : _____? (office)
B : It's near my house.

> A : 당신 회사가 어디 있어요?
> B : 우리 집 근처에 있습니다.

정답: Where is your office

바로 거기가 ~이다

That's where + 주어 + 동사

Basic Expression

That's where I'm going.
바로 거기 가는 길이에요.

의문문이 아닌 곳에서 where는 '~하는 곳'이라는 의미로 쓰이는데, Show me where, This is where, That's where 등으로 말하는 경우에 속한다.

Useful Expressions

① **That's where** I kissed Angie.
바로 거기가 앤지에게 키스했던 곳이에요.

② **That's where** you get the ticket.
바로 거기에서 표를 받으실 수 있어요.

③ **That's where** Ben will meet her.
바로 거기에서 벤이 그녀를 만날 거예요.

④ **That's where** we met first.
바로 거기가 우리가 처음 만난 곳이에요.

Dialogue & Practice

A : I'm on my way to Mr. Patterson's office.
B : That's where I'm going.

A : 패터슨 씨 사무실에 가는 길이에요.
B : 저도 바로 거기 가는 길이에요.

A : I was in Mexico last month.
B : Hey! _____. (come from)

A : 지난 달에 멕시코에 있었어요.
B : 야! 내가 바로 거기 출신이에요.

That's where I come from

왜 ~했어요?

Pattern 217: Why did you + 동사 ~?

Basic Expression

Why did you do this? 당신 왜 그랬어요?

why는 '왜'라는 의문부사로 쓰여서 'Why+조동사/be동사+주어+동사~?'의 패턴으로 쓰이며, 이 때는 Because로 시작하는 대답을 할 수 있다. 여기서는 'Why did you+동사~?' 패턴으로 상대방이 과거에 어떤 행동을 한 이유에 대해 질문하는 연습을 해 보자.

Useful Expressions

❶ **Why did you** just tell me?
왜 이제야 말해요?

❷ **Why did you** lie to me?
왜 나한테 거짓말했어요?

❸ **Why did you** quit your job?
왜 직장을 그만뒀어요?

❹ **Why did you** change your hairstyle?
왜 머리 스타일을 바꿨어요?

Dialogue & Practice

A : **Why did you** quit your job?
B : I needed a break.

A : 왜 직장을 그만뒀어요? B : 휴식이 필요했어요.

A : _____? (invite Jim)
B : He really wanted to be invited.

A : 왜 짐을 파티에 초대했어요?
B : 그 사람이 정말 오고 싶어했어요.

답: Why did you invite Jim to the party

그게 ~하는 이유이다

That's why + 주어 + 동사

Basic Expression

That's why I like her.
그게 내가 그녀를 좋아하는 이유예요.

상대방의 얘기를 듣고 '바로 그게 ~한 이유다, 그래서 ~한 것이다'라고 응수하는 경우, 'That's why+주어+동사' 패턴을 써서 말한다. why 대신 '이유'라는 명사 reason을 써도 같은 의미가 된다.

Useful Expressions

❶ **That's why** I use fax.
그게 내가 팩스를 사용하는 이유예요.

❷ **That's why** she wears pants.
그게 그녀가 바지를 입는 이유예요.

❸ **That's why** Jim drinks alcohol.
그래서 짐이 술을 마시는 거예요.

❹ **That's why** the windows are clean.
그래서 창문이 깨끗한 거예요.

Dialogue & Practice

A : She's kind to everybody.
B : **That's why** I like her.

A : 그녀는 모든 사람들에게 친절해요.
B : 그게 내가 그녀를 좋아하는 이유예요.

A : I heard you were sick.
B : Yes. _____. (couldn't be)

A : 아프셨다고 들었어요.   B : 네. 그래서 거기 못 갔던 거예요.

답: That's why I couldn't be there

왜 ~했는지 말해요

Tell me why + 주어 + 동사

Basic Expression

Tell me why you did this.
당신 왜 이랬는지 말해 봐요.

why는 '왜'라는 의문사로도 쓰이지만 주어와 동사를 이끌어서 '~한 이유'라는 뜻을 갖는 접속사의 역할도 한다. 'Tell me why+주어+동사' 패턴으로 '왜 ~했는지 말해 달라'는 뜻을 표현해 보자.

Useful Expressions

❶ **Tell me why** you hit Frank.
당신 왜 프랭크를 때렸는지 말해 봐요.

❷ **Tell me why** You don't like me.
당신 왜 날 싫어하는지 말해 봐요.

❸ **Tell me why** He is mad at me.
그가 왜 나에게 화났는지 말해 봐요.

❹ **Tell me why** I should listen to you.
내가 왜 당신 말을 들어야 하는지 말해 봐요.

Dialogue & Practice

A : **Tell me why** he's mad at me.
B : How could I know?

  A : 그가 왜 나에게 화났는지 말해 줘요.
  B : 내가 어떻게 알아요?

A : _____. (throw ~ away)
B : I just got tired of it.

  A : 왜 그걸 버렸는지 말해 봐요.
  B : 그냥 그게 싫증나서요.

정답: Tell me why you throw that away

~하는 게 어때요?

Pattern 220: Why not + 동사 ~?

Basic Expression

Why not call and ask?
전화해서 물어보는 게 어때요?

'~하는 게 어때?' 하고 제안하는 표현으로 How about ~?과 Why don't you ~? 패턴이 있다는 것을 앞서 학습했는데, 'Why not+동사~?' 패턴 역시 '~하는 게 어때?' 하고 제안하는 표현이다.

Useful Expressions

❶ **Why not** go for it?
해 보는 게 어때요?

❷ **Why not** think twice?
다시 한 번 생각해 보는 게 어때요?

❸ **Why not** wear the black dress?
검은색 원피스를 입는 게 어때요?

❹ **Why not** start your own business?
당신 회사를 직접 운영해 보는 게 어때요?

Dialogue & Practice

A : Why not go for it?
B : Well... I'm not sure.

A : 도전해 보는 게 어때요? B : 글쎄요… 자신이 없어요.

A : _____? (come and have / a cup of coffee)
B : Sure. When are you available?

A : 오셔서 저랑 커피 한 잔 하시지 않을래요?
B : 좋죠. 언제가 좋으세요?

답: Why not come and have a cup of coffee with me

Chapter 07

it/that/to부정사/ 각종 접속사 패턴

■ 영어는 it, that, to부정사를 사용한 패턴으로 너무 나 중요한 의미를 전달하는 경우가 많습니다. 문법적으로 하나하나 파고들면 머리가 지끈거릴 수 있는 중급용 패턴이지만, 자주 듣고 자주 말하 면 자신도 모르는 사이에 입에서 술술 나올 수 있 는, 생각보다는 리드미컬하고 재미있는 표현들입 니다. 주눅들지 말고 꾸준히, 즐겁게 연습해 봅시 다!

시간/날짜/요일

It's + 시간/날짜/요일

Basic Expression

It's five o'clock. 다섯 시 정각이에요.

대명사 it은 특수한 용법이 몇 가지 있는데, 시간이나 시일을 막연히 가리킬 때, 즉 '몇 시다, 며칠이다' 등을 나타낼 때 주어 자리에 it을 가져와서 It's로 표현하는 것이다. 이 때의 it을 문법 용어로 '비인칭 주어'라고 하는데, 비인칭이란 모양만 주어일 뿐 해석을 하지 않는 주어라는 의미이다.

Useful Expressions

❶ **It's** half past ten.
10시 반이에요.

❷ **It's** eleven twenty five.
11시 25분이에요.

❸ **It's** Monday.
월요일이에요.

❹ **It's** July 24th.
7월 24일이에요.

Dialogue & Practice

A : What time is it?
B : **It's** five o'clock.

　A : 몇 시예요?
　B : 5시예요.

A : What time is it?
B : _____. (2:40)

　A : 몇 시예요?
　B : 2시 40분이에요.

It's two forty

~할 시간이다

It's time to + 동사원형

Basic Expression

It's time to go. 이제 갈 시간이에요.

시간을 나타낼 때는 비인칭 주어 it을 사용하는데, '~할 시간이다'라고 할 때는 'It's time to+동사원형' 패턴을 써서 말한다. '당신이, 내가, 그 사람이' 등 동작을 행하는 사람을 명시해야 할 때는 'It's time for+사람+to+동사원형'으로 'for+사람'을 삽입해서 말하면 된다.

Useful Expressions

❶ **It's time to** begin.
이제 시작할 시간입니다.

❷ **It's time to** wrap up.
이제 끝낼 시간입니다.

❸ **It's time to** say good bye.
이제 작별할 시간이에요.

❹ **It's time to** kiss and make up.
이제 화해할 시간이에요.

Dialogue & Practice

A: It's time to go.
B: Already? Stay a little longer, please.

A: 갈 시간이에요.
B: 벌써요? 조금만 더 있다 가요.

A: The wall clock seems not right.
B: Yeah. _____.(change / battery)

A: 벽시계가 시간이 안 맞는 것 같아요.
B: 네, 배터리를 갈 때가 됐어요.

It's time to change the battery

~하는 데 얼마 걸린다

It takes + 시간 + to + 동사원형

Basic Expression

It takes an hour to get there.
거기 가는 데 한 시간 걸려요.

시간을 나타낼 때는 비인칭 주어 it을 쓴다고 했다. '시간이 얼마 걸린다'라고 할 때는 동사로 take를 쓰고 시간이 걸리는 이유는 to부정사를 써서 나타낸다.

Useful Expressions

❶ **It takes** a half an hour **to** get to work.
직장에 가는 데 30분 걸립니다.

❷ **It takes** two weeks **to** finish this.
이걸 끝내는 데 2주 걸려요.

❸ **It takes** a long time **to** arrive home.
집에 도착하는 데 시간이 오래 걸려요.

❹ **It takes** time **to** make friends.
친구를 사귀는 데는 시간이 걸려요.

Dialogue & Practice

A : It takes an hour to get there.
B : It less than I thought.

　A : 거기 가는 데 한 시간 걸려요.
　B : 생각보다는 덜 걸리네요.

A : _____. (about an hour / fix)
B : It's okay for me. Take your time.

　A : 이 컴퓨터를 수리하는 데 한 시간 정도 걸립니다.
　B : 저는 괜찮아요. 천천히 하세요.

It takes about an hour to fix this computer

~하는 데 시간이 얼마나 걸려요?

Pattern 224 How long does it take to + 동사원형~?

Basic Expression

How long does it take to do this?
이거 하는 데 얼마나 걸려요?

'시간이 걸리다'는 it takes를 쓰게 되는데, 이를 의문문으로 만들어 '~하는 데 시간이 얼마나 걸리나?' 하고 물어볼 때는 '얼마나 오래'라는 뜻으로 문두에 How long을 내세우면 된다.

Useful Expressions

❶ **How long does it take to** get a passport?
여권 나오는 데 시간이 얼마나 걸려요?

❷ **How long does it take to** walk there?
거기 걸어가는 데 얼마나 걸려요?

❸ **How long does it take to** learn English?
영어 배우는 데 시간이 얼마나 걸려요?

❹ **How long does it take to** build muscles?
근육을 만드는 데 시간이 얼마나 걸려요?

Dialogue & Practice

A: How long does it take to get a passport?
B: Not that long. You can get your passport in a week.

　A: 여권 만드는 데 시간이 얼마나 걸려요?
　B: 그리 오래 안 걸려요. 일주일이면 여권을 받을 수 있어요.

A: _____? (become)
B: It takes over ten years in Korea.

　A: 의사가 되는 데는 시간이 얼마나 걸려요?
　B: 한국에서는 십 년이 넘게 걸리죠.

How long does it take to become a doctor

(날씨가) ~할 것 같다

It looks like + 명사/-ing

Basic Expression

It looks like rain. 비가 올 것 같아요.

비인칭 주어 it은 시간 외에도 날씨, 거리, 무게 등을 말할 때도 쓰인다. 여기에서는 날씨를 말할 때, 특히 '(날씨가) ~할 것 같아 보인다' 라는 뜻으로 쓰이는 'It looks like+명사/-ing' 패턴을 사용해 보자.

Useful Expressions

❶ **It looks like** snow.
눈이 올 것 같아요.

❷ **It looks like** another hot day.
오늘도 덥겠는데요.

❸ **It looks like** freezing.
무척 추울 것 같아요.

❹ **It looks like** clearing.
날이 개는 것 같은데요.

Dialogue & Practice

A : How's the weather today?
B : It looks like rain.

　A : 날씨가 어때요?
　B : 비가 올 것 같아요.

A : _____. (clouds)
B : No way! I have to go to surf!

　A : 구름이 끼는 것 같아요.
　B : 안 돼요! 서핑하러 가야 된단 말이에요!

It looks like clouds

~인 것 같다

Looks like + 주어 + 동사

Basic Expression

Looks like we made it.
우리가 해낸 것 같은데요.

'Look like+주어+동사' 패턴은 문두에 It이 생략된 형태로, 회화체에서는 이렇게 it을 자주 생략하고 쓴다. Looks like은 날씨 외에도 '~가 …한 것 같다, ~가 …한 것 같아 보인다' 라는 뜻을 표현할 때 많이 쓰인다.

Useful Expressions

1. **Looks like** you don't like me.
   당신은 날 좋아하지 않는 것 같아요.

2. **Looks like** Tom is winning.
   탐이 이기고 있는 것 같은데요.

3. **Looks like** I just broke this.
   제가 방금 이걸 부순 것 같은데요.

4. **Looks like** she changed her mind.
   그녀가 마음을 바꾼 것 같은데요.

Dialogue & Practice

A : Looks like you don't like me.
B : What are you talking about? I like you a lot.

  A : 당신은 날 좋아하지 않는 것 같아요.
  B : 무슨 소리를 하는 거예요? 당신 엄청 좋아해요.

A : _____. (angry)
B : You noticed it.

  A : 저한테 화나신 것 같네요.
  B : 알긴 아는군요.

Looks like you're angry at me

~인 것처럼 느껴진다

Pattern 227 It seems like + 명사

Basic Expression

It seems like yesterday. 어제 일처럼 느껴져요.

동사 seem은 앞에서도 학습했듯이 '~인 것처럼 보이다, ~인 듯하다'라는 추측의 의미를 가지는 동사이다. seem은 가주어 it과 함께 자주 쓰여서 '~인 것 같다, ~인 것처럼 느껴지다' 라는 뜻으로 사용된다.

Useful Expressions

❶ **It seems like** a good idea.
좋은 생각인 것 같아요.

❷ **It seems like** a perfect plan.
완벽한 계획인 것 같군요.

❸ **It seems like** John's fault.
존의 잘못인 것 같아요.

❹ **It seems like** the best thing to do.
그게 최선의 방법인 것 같아요.

Dialogue & Practice

A : I can't believe we first met ten years ago.
B : Yeah. It seems like only yesterday.

A : 우리가 십 년 전에 처음 만났었다는 게 믿어지지가 않아요.
B : 그래요. 바로 어제 일인 것 같은데 말이에요.

A : What would happen if the sun rose up from the west?
B : _____. (stupid)

A : 해가 서쪽에서 뜨면 어떻게 될까요?
B : 바보 같은 질문 같아요.

It seems like a stupid question

~한 것 같지 않다

It doesn't seem + 주어 + 동사

Basic Expression

It doesn't seem you're ready.
준비가 안 되신 것 같군요.

이번에는 동사 seem과 가주어 it을 사용하여 '~한 것 같지 않다'는 부정형을 연습해 보자. It seems의 부정형은 It doesn't seem으로, 주어가 3인칭 단수 it이므로 조동사 don't를 doesn't로 바꾸는 것에 주의하자.

Useful Expressions

❶ **It doesn't seem** it is all.
그게 다가 아닌 것 같은데요.

❷ **It doesn't seem** his plan will work.
그의 계획이 실현될 것 같지 않네요.

❸ **It doesn't seem** your idea matters.
당신 생각은 중요한 것 같지 않군요.

❹ **It doesn't seem** that shop is open.
저 가게는 문 연 것 같지 않은데요.

Dialogue & Practice

A : It doesn't seem his plan will work.
B : Let's just wait and see.

A : 그의 계획이 실현될 것 같지 않아요. B : 한번 지켜보죠.

A : You look awkward in that suit.
B : _____. (have / eye for fashion)

A : 그 정장을 입으니까 이상해 보여요.
B : 나는 패션에 안목이 없는 것 같아요.

It doesn't seem I have an eye for fashion

~하니 좋다

It's nice to + 동사원형

Basic Expression

It's nice to be back. 돌아오니 좋군요.

이 문장에서 it은 가주어, to부정사인 to be back이 진주어인데, 굳이 가주어를 쓰는 이유는 To be back is nice.라고 말하려니 문장의 머리가 너무 무겁게 느껴지기 때문이다. 영어에서는 주어를 되도록 간단하게 표현하고 그에 대한 부가 설명을 뒤로 돌리는 경향이 있다.

Useful Expressions

❶ **It's nice to** meet you again.
   다시 만나 뵈니 좋군요.

❷ **It's nice to** hear your voice.
   당신 목소리를 들으니 반갑네요.

❸ **It's nice to** see the blue sky.
   파란 하늘을 보니 좋네요.

❹ **It's nice to** have a friend like you.
   당신 같은 친구를 둬서 좋네요.

Dialogue & Practice

A : It's nice to be back.
B : Yeah, I really missed you.

   A : 돌아오니 좋군요.
   B : 그래요, 당신이 정말 보고 싶었어요.

A : _____. (know / single)
B : Are you interested in her?

   A : 그녀가 아직 독신이라니 다행인데요.
   B : 그녀에게 관심이 있어요?

It's nice to know she's still single

~하는 것은 불가능하다

It's impossible to + 동사원형

Basic Expression

It's impossible to win this game.
이번 경기를 이기는 것은 불가능해요.

이번에는 가주어, 진주어 구문 중 '~하는 것이 불가능하다' 라는 부정적 의미의 패턴인 'It's impossible to+동사원형' 을 익혀 보자.

Useful Expressions

❶ **It's impossible to** reach him.
그에게 연락하는 건 불가능해요.

❷ **It's impossible to** quit smoking.
담배를 끊는 건 불가능해요.

❸ **It's impossible to** predict future.
미래를 예측하는 건 불가능해요.

❹ **It's impossible to** lift this box.
이 박스를 들어올리는 건 불가능해요.

Dialogue & Practice

A : It's impossible to win this game.
B : You never know untill you try.

　　A : 이 경기를 이기는 건 불가능해요.　B : 해 보기 전에는 모르는 거예요.

A : _____. (finish / within a week)
B : I know, but that's what the boss wants.

　　A : 이걸 일주일 안에 끝내는 건 불가능해요.
　　B : 알아요, 하지만 그게 사장님이 원하는 거예요.

It's impossible to finish this within a week

~하는 것은 쉽다

It's easy to + 동사원형

Basic Expression

It's easy to use this. 이건 사용하기 쉽습니다.

'~하는 것은 쉽다'라는 말 역시 가주어, 진주어 형식을 써서 'It's easy to+동사원형' 패턴을 사용하면 된다.

Useful Expressions

❶ **It's easy to remember.**
기억하기 쉽네요.

❷ **It's easy to blame others.**
남 탓하기는 쉽지요.

❸ **It's easy to give up.**
포기하는 건 쉽지요.

❹ **It's easy to get there.**
거기 가기는 쉬워요.

Dialogue & Practice

A : It's totally Billy's fault.
B : It's easy to blame others.

A : 이건 전적으로 빌리의 잘못이에요.
B : 남 탓하기는 쉽지요.

A : _____. (learn Japanese)
B : Not for me.

A : 일본어는 배우기 쉬워요.
B : 나는 안 그래요.

It's easy to learn Japanese

~하는 것은 쉽지 않다

Pattern 232: It's not easy +(for 사람)+ to +동사원형

Basic Expression

It's not easy for me to explain.
설명하기가 쉽지 않아요.

'~하기 쉽지 않다'라는 부정형 구문 'It's not easy to+동사원형'도 많이 쓰인다. to부정사의 주체를 밝혀야 하는 경우는 'for+사람'을 삽입하여 'It's not easy for+사람+to+동사원형'의 패턴을 취하면 된다.

Useful Expressions

❶ **It's not easy for me to get a job.**
나는 직장을 찾기가 쉽지 않아요.

❷ **It's not easy for Mom to do this.**
엄마가 이걸 하기는 쉽지 않아요.

❸ **It's not easy to fool her.**
그녀를 속이기는 쉽지 않아요.

❹ **It's not easy to find a good person.**
좋은 사람을 찾기가 힘들어요.

Dialogue & Practice

A : Tell me why you did this.
B : Sorry, but it's not easy to explain.

A : 당신 왜 이랬는지 말해 봐요.
B : 미안하지만 설명하기가 쉽지 않아요.

A : You'd better memorize this list.
B : _____. (me / remember)

A : 이 목록을 기억해 두시는 게 좋을 거예요.
B : 저는 기억하는 일이 쉽지 않아요.

It's not easy for me to remember

~하는 것은 어렵다

Pattern 233 It's difficult to + 동사원형

Basic Expression

It's difficult to understand.
이해하기 어렵네요.

'~하는 것이 쉽지 않다'는 결국 '~하는 것이 어렵다'라는 뜻이다. 가주어, 진주어의 또다른 패턴 'It's difficult to+동사원형'을 익혀 보자.

Useful Expressions

1. **It's difficult to** pronounce this word.
   이 단어는 발음하기 어려워요.

2. **It's difficult to** meet the deadline.
   기한을 지키기가 어려워요.

3. **It's difficult to** kick the habit.
   버릇을 고치기는 어려워요.

4. **It's difficult to** get up early in the morning.
   아침 일찍 일어나기가 어려워요.

Dialogue & Practice

A : Read this line.
B : Well... It's difficult to pronounce this word.

A : 이 줄을 읽어 보세요.
B : 글쎄요… 이 단어를 발음하기가 어려운데요.

A : _____. (make money)
B : Right. Money doesn't grow on trees.

A : 돈을 버는 게 어려워요.
B : 맞아요. 땅 판다고 돈 나오는 게 아니죠.

답: It's difficult to make money

~하기가 어렵다는 것을 알다

Pattern 234 I found it difficult to + 동사원형

Basic Expression

I found it difficult to study.
공부하는 게 어렵다는 것을 알았어요.

영어에는 가주어뿐 아니라 가목적어로 it을 사용하는 경우도 있다. 'I found+it(가목적어)+difficult(목적보어)+to study(목적보어)' 와 같이 문장을 완성시킬 수 있다.

Useful Expressions

❶ **I found it difficult to** make a plan.
계획을 짜는 게 어렵다는 것을 알았어요.

❷ **I found it difficult to** make a choice.
선택을 하는 게 어렵다는 것을 알았어요.

❸ **I found it difficult to** be a supermom.
수퍼맘이 되는 건 어렵다는 걸 알았어요.

❹ **I found it difficult to** get a good result.
좋은 결과를 내기가 어렵다는 걸 알았어요.

Dialogue & Practice

A : I found it difficult to be a supermom.
B : You don't need to. Nobody is perfect.

A : 수퍼맘이 되는 건 어렵다는 걸 알았어요.
B : 수퍼맘이 될 필요 없어요. 아무도 완벽하지 않은걸요.

A : _____. (make friends)
B : Yeah. It's not easy to make several real good friends.

A : 친구 사귀는 게 어렵다는 걸 알았어요.
B : 그래요. 두세 명의 진짜 좋은 친구를 사귀는 게 쉽지 않죠.

I found it difficult to make friends

~에 달려 있다

It depends on + 명사

Basic Expression

It depends on you. 당신한테 달렸어요.

depend는 '의존하다, 좌우되다'라는 뜻인데, 전치사 on을 써서 '~에 달려 있다, ~에 따라 달라진다'라는 의미를 가진다. 여기서 it은 가주어도 아니고 비인칭 주어도 아닌, '그것'이라는 뜻의 대명사이다.

Useful Expressions

❶ **It depends on** weather.
날씨에 달려 있어요.

❷ **It depends on** the traffic.
교통 상황에 달려 있어요.

❸ **It depends on** my health.
내 건강 상태에 달려 있어요.

❹ **It depends on** the situation.
상황에 따라 달라요.

Dialogue & Practice

A : So, are we going to the movies?
B : It depends on you.

A : 그래서 우리 영화 보러 가는 거예요?   B : 당신한테 달렸죠.

A : How much will the delivery cost?
B : _____. (weight of the box)

A : 배송료가 얼마나 될까요?
B : 상자 무게에 따라 달라요.

It depends on the weight of the box

~이 무언가에 따라 다르다

Pattern 236 It depends on what +주어+동사

Basic Expression

It depends on what it is.
그게 무언가에 따라 달라요.

depend on 다음에는 명사뿐 아니라 wh-접속사가 이끄는 명사절(wh-+주어+동사)도 올 수 있다. what을 사용하여 '누가 ~을 하느냐에 따라 다르다' 라는 뜻의 'It depends on what+주어+동사' 패턴을 익혀 보자.

Useful Expressions

❶ **It depends on what** Sue wants.
수가 뭘 원하는지에 달려 있어요.

❷ **It depends on what** he is thinking.
그가 어떻게 생각하는지에 따라 달라요.

❸ **It depends on what** you are going to do.
당신이 어떻게 할 건지에 따라 달라요.

❹ **It depends on what** they intend to do.
그들이 의도하는 바에 따라 달라요.

Dialogue & Practice

A : Can you do me a favor?
B : It depends on what it is.

A : 부탁 좀 들어주시겠어요?   B : 그게 무언가에 따라 달라요.

A : What ingredients do I need?
B : _____. (be going to cook)

A : 무슨 재료가 필요하죠?
B : 당신이 어떤 요리를 할 건지에 따라 다르죠.

답) It depends on what you're going to cook

~한 것은 바로 …였다

Pattern 237 : It was + 명사 + that + 주어 + 동사

Basic Expression

It was Tom that I met yesterday.
내가 어제 만난 사람은 탐이에요.

'It ~ that 강조구문'이라는 것이 있다. It's 다음에 강조할 어휘를 두고 that 이하에서 그 명사의 부가 설명을 붙이는 것이다. 여기서 강조하는 말이 Tom처럼 사람일 때는 that 대신 who를 써도 좋다.

Useful Expressions

❶ **It was** Jona **that** she loved.
그녀가 사랑했던 사람은 조나였어요.

❷ **It was** Visa card **that** I lost.
내가 잃어버린 건 비자 카드였어요.

❸ **It was** a doctor **that** he wanted to be.
그가 되고 싶었던 건 의사였어요.

❹ **It was** a cell phone **that** Mom bought for me.
엄마가 사 주신 건 핸드폰이었어요.

Dialogue & Practice

A : You met Lenny yesterday, didn't you?
B : No, it was Tom that I met yesterday.

A : 당신 어제 레니 만났었죠?
B : 아뇨, 어제 내가 만난 사람은 탐이었어요.

A : Why is your room still a mess?
B : _____. (living room / I clean)

A : 왜 네 방이 아직도 엉망이니?
B : 제가 청소한 건 거실인데요.

It was the living room that I cleaned

Pattern 238

~한 것은 바로 언제[어디서]이다

It was + 부사(구) + **that** + 주어 + 동사

Basic Expression

It was yesterday **that** I met Tom.
내가 탐을 만난 건 어제였어요.

It that 강조구문은 어떤 문장의 주어와 목적어뿐만 아니라 시간이나 장소 등의 부사구를 강조할 때도 사용한다. 위의 문장은 원래 I met Tom yesterday.이고, 탐을 만난 것이 어제였다는 것을 강조한 것이다.

Useful Expressions

❶ **It was** on Monday **that** I called you.
  내가 당신에게 전화한 건 월요일이었어요.

❷ **It was** on the 21st **that** he was found.
  그가 발견된 게 21일이었어요.

❸ **It was** at the church **that** the concert took place.
  콘서트가 열린 건 교회였어요.

❹ **It was** under the bed **that** Paul was hiding.
  폴이 숨어 있던 곳은 침대 밑이었어요.

Dialogue & Practice

A : When did you call me? I don't remember.
B : It was on Monday that I called you.

  A : 당신이 언제 전화했죠? 기억이 안 나요.
  B : 내가 당신에게 전화한 건 월요일이었어요.

A : Are you sure you reached me?
B : Yeah. _____. (a week ago / send an e-mail)

  A : 나한테 연락했었다는 거 확실해요?
  B : 네. 당신에게 이메일을 보낸 게 일주일 전이잖아요.

It was a week ago that I sent you an e-mail

~하기에 너무 …하다

Pattern 239 : It's too + 형용사 + to + 동사원형

Basic Expression

It's too good to be true.
사실이기에는 너무 좋아요.

too ~ to 구문은 너무나 자주 나와서 한 번쯤은 들어 봤을 것이다. too는 부정적인 의미의 '너무'라는 말로, '너무 많은, 너무 좋은, 너무 쉬운' 등과 같이 뒤에 따라오는 형용사를 수식하는 말이다.

Useful Expressions

❶ It's too far to walk
거기는 걸어가기 너무 멀어요.

❷ It's too late to go out.
외출하기에는 너무 늦어요.

❸ It's too early to tell.
말하기에는 아직 너무 일러요.

❹ It's too difficult to understand.
그건 이해하기 너무 어려워요.

Dialogue & Practice

A : Can you believe we won?
B : No... It's too good to be true.

A : 우리가 이겼다는 사실이 믿겨져요?
B : 아니요… 너무 좋아서 진짜 같지 않아요.

A : I think it's not the right way. What should we do?
B : Well... _____. (late / turn back)

A : 이게 맞는 방법이 아닌 것 같아요. 어떻게 해야 하죠?
B : 글쎄요… 돌이키기엔 너무 늦었어요.

It's too late to turn back

너무 ~해서 … 못하다

Pattern 240: It's so + 형용사 + that I can't + 동사원형

Basic Expression

It's so heavy that I can't lift it.
너무 무거워서 못 들겠어요.

too ~ to 패턴은 so ~ that can't 패턴으로 풀어서 쓸 수 있다. too ~ to 는 '…하기에는 너무 ~하다'라는 뜻이므로, '너무 ~해서 …할 수 없다', 즉 so ~ that can't의 의미와 통하는 것이다.

Useful Expressions

❶ **It's so** difficult **that I can't** solve it.
너무 어려워서 못 풀겠어요.

❷ **It's so** hot **that I can't** hold it.
너무 뜨거워서 잡을 수가 없어요.

❸ **It's so** dark **that I can't** move ahead.
너무 어두워서 앞으로 나갈 수가 없어요.

❹ **It's so** quiet here **that I can't** speak loud.
여긴 너무 조용해서 큰 소리를 못 내겠어요.

Dialogue & Practice

A : Move the box over here.
B : It's so heavy that I can't lift it.

A : 그 상자 좀 이리로 옮겨 주세요.
B : 너무 무거워서 들 수가 없어요.

A : Why aren't you watching the movie?
B : _____. (sad / see it any more)

A : 왜 영화 안 봐요?   B : 너무 슬퍼서 더 이상 못 보겠어요.

It's so sad that I can't see it any more

~하기 위하여

I did it so (that) + 주어 + 동사

Basic Expression

I did it so that Jack could cheer up.
잭이 힘내게 하려고 그랬어요.

so와 that의 조합으로 사용하는 패턴이 몇 가지 있는데, so that을 붙인 '주어1+동사1+so that+주어2+동사2' 패턴은 '~가 …하기 위하여'라는 목적을 뜻하기도 하고 '그래서 ~하게 되다'라는 결과를 나타내기도 한다.

Useful Expressions

❶ **I did it so (that)** you could sleep enough.
당신이 충분히 잘 수 있게 하려고 그랬어요.

❷ **I did it so (that)** Mom would have free time.
엄마가 자유 시간을 갖게 하려고 그랬어요.

❸ **I did it so (that)** she could feel safe.
그녀가 안전하게 느끼게 하려고 그랬어요.

❹ **I did it so (that)** Dad would not be upset.
아빠가 화나지 않게 하려고 그랬어요.

Dialogue & Practice

A : Why did you do that?
B : I did it so that Jack could cheer up.

A : 당신 왜 그랬어요?   B : 잭이 힘내게 하려고 그랬어요.

A : Did you put your photo in his wallet?
B : Yes. _____. (will / think about)

A : 당신 사진을 그 사람 지갑에 넣었어요?
B : 네, 그가 내 생각을 하게 하려고 그랬어요.

I did it so that he would think about me

너무 ~해서 …했다

I was so + 형용사 + that + 주어 + 동사

Basic Expression

I was so angry that I yelled at her.
너무 화가 나서 그녀에게 고함을 질렀어요.

'so+형용사+that ~'은 '너무 ~해서 …하다'라는 뜻으로 so와 that을 이용한 패턴 중 가장 잘 쓰이는 패턴이라 할 수 있다. 'so+형용사'는 이유나 원인을, that절은 결과를 의미한다고 보면 된다.

Useful Expressions

❶ **I was so** excited **that** I shouted hurray.
나는 너무 흥분해서 만세를 외쳤어요.

❷ **I was so** tired **that** Mom had me sleep.
내가 너무 피곤해서 엄마가 자게 했어요.

❸ **I was so** fat **that** people laughed at me.
내가 너무 뚱뚱해서 사람들이 비웃었어요.

❹ **I was so** naive **that** everyone fooled me.
내가 너무 순진해서 모두가 나를 속였어요.

Dialogue & Practice

A : What happened to her? She's crying.
B : I was so angry that I yelled at her.

A : 그녀한테 무슨 일이 있었어요? 울고 있네요.
B : 내가 너무 화가 나서 그녀에게 고함을 질렀어요.

A : Are you okay?
B : No. _____. (afraid / cried)

A : 괜찮아요?
B : 아뇨. 너무 무서워서 울었어요.

I was so afraid that I cried

~하기 위하여

I did it to + 동사원형

Basic Expression

I did it to help you. 당신을 도와 주기 위해 그랬어요.

'to+동사원형'의 형태를 to부정사라고 한다. '~하기 위하여'라는 목적을 의미할 때는 '주어+동사+to부정사'의 패턴을 사용하는데, 주어를 I, 동사를 did로 고정시켜 'I did it to+동사원형'의 패턴으로 연습해 보자.

Useful Expressions

❶ **I did it to** save money.
돈을 아끼려고 그랬어요.

❷ **I did it to** win the game.
그 경기에 이기려고 그랬어요.

❸ **I did it to** make you happy.
당신을 행복하게 하려고 그랬어요.

❹ **I did it to** be there in time.
거기 제 시간에 가려고 그랬어요.

Dialogue & Practice

A : Why did you call him?
B : **I did it to** help you.

A : 왜 그 사람한테 전화를 한 거예요?
B : 당신을 도우려고 그랬어요.

A : I lied to Mom. _____. (cover / brother)
B : Now you're in trouble.

A : 엄마에게 거짓말을 했어. 내 동생을 감싸 주려고 그랬어.
B : 이제 너 큰일났다.

답: I did it to cover my brother

~하기 위하여

주어 + 동사 + **in order to** + 동사원형

Basic Expression

I'm saving money **in order to** buy a car.
차를 사려고 돈을 모으고 있어요.

'~하려고, …' 라는 뜻으로는 to부정사를 사용하는데, 원래 in order to 에서 to만 남겨서 쓰게 된 것이다. '~할 목적으로' 라는 의미를 강조하고 싶다면 in order to 전체를 사용해서 말하면 된다.

Useful Expressions

❶ I study hard **in order to** pass the exam.
그 시험에 합격하려고 열심히 공부해요.

❷ He is on a diet **in order to** lose some weight.
그는 체중을 줄이려고 다이어트를 해요.

❸ People eat **in order to** survive.
사람들은 생존하기 위해 먹습니다.

❹ We caught a taxi **in order to** be there in time.
시간 내에 도착하려고 택시를 잡았어요.

Dialogue & Practice

A : I'm saving money **in order to** buy a car.
B : I think I should, too.

> A : 자동차를 사려고 돈을 모으고 있어요.
> B : 나도 그래야 할 것 같아요.

A : _____. (work out / keep in shape)
B : Good for you!

> A : 몸매를 유지하려고 나는 아침마다 운동을 해요.
> B : 잘 하고 있네요!

I work out every morning in order to keep in shape

내가 ~하는 건 그게 다예요

That's all I + 동사

Basic Expression

That's all I know. 내가 아는 건 그게 다예요.

all을 사용하는 패턴이 몇 가지 있는데, 'That's all I+동사원형'이 그 중 대표적으로 많이 쓰인다. 이는 '내가 ~한 건 그게 다야'라는 의미로, 각종 동사를 덧붙여서 다양하게 쓸 수 있다.

Useful Expressions

❶ **That's all I remember.**
내가 기억하는 건 그게 다예요.

❷ **That's all I ate.**
내가 먹은 건 그게 다예요.

❸ **That's all I wanted.**
내가 원한 건 그게 다예요.

❹ **That's all I can say.**
내가 말할 수 있는 건 그게 다예요.

Dialogue & Practice

A : What did you eat for lunch?
B : A banana. That's all I ate.

A : 점심으로 뭘 먹었어요? B : 바나나요. 내가 먹은 건 그게 다예요.

A : I'll lend you some money. _____.
B : That's enough. Thank you. (promise)

A : 당신한테 돈을 좀 빌려 드릴게요. 그게 내가 약속할 수 있는 전부예요.
B : 그걸로 충분해요. 고마워요.

That's all I can promise

내가 원하는 건 ~뿐이다

All I want is + 명사

Basic Expression

All I want is you. 내가 원하는 건 당신뿐이에요.

'내가 원하는 건 ~뿐이다, 나는 ~밖에 필요 없다' 라는 뜻은 'All I want is+명사' 패턴으로 표현할 수 있다.

Useful Expressions

❶ **All I want is** money.
내가 원하는 건 돈뿐이에요.

❷ **All I want is** cold beer.
내가 원하는 건 시원한 맥주뿐이에요.

❸ **All I want is** hot bath.
내가 원하는 건 뜨거운 목욕뿐이에요.

❹ **All I want is** your concerns.
내가 원하는 건 당신의 관심뿐이에요.

Dialogue & Practice

A : All I want is money.
B : Take it and save me.

A : 내가 원하는 건 돈뿐이야.   B : 돈 가져 가시고 저는 살려 주세요.

A : Do you want me to cook something for you?
B : No. _____. (a glass / water)

A : 내가 뭘 좀 요리해 드릴까요?
B : 아뇨, 내가 원하는 건 물 한 잔뿐이에요.

All I want is a glass of water

당신은 ~만 하면 된다

All you have to do is + 동사원형

Basic Expression

All you have to do is sit still.
당신은 가만히 앉아 있기만 하면 돼요.

'당신은 ~만 하면 된다'라는 말도 all을 사용한 패턴 'All you have to do is+동사원형'을 사용해서 말할 수 있다. all 다음에 that이 생략되어 있어서 that you have to do 전체가 주어 all을 수식하는 형태이다.

Useful Expressions

❶ **All you have to do is** listen to me.
당신은 내 말을 듣기만 하면 돼요.

❷ **All you have to do is** dance with him.
당신은 그와 춤만 추면 돼요.

❸ **All you have to do is** do nothing.
당신은 아무것도 안 하고 있으면 돼요.

❹ **All you have to do is** stay beside me.
당신은 내 옆에 있기만 하면 돼요.

Dialogue & Practice

A : What should I do?
B : **All you have to do is** listen to me.

A : 전 뭘 하죠?   B : 당신은 내 말을 듣기만 하면 돼요.

A : _____. (tell me the truth)
B : I already told you the truth.

A : 당신은 나에게 진실만 말하면 돼요.
B : 이미 나는 진실을 말했어요.

답: All you have to do is tell me the truth.

~밖에는 모른다

248. All I know is that + 주어 + 동사

Basic Expression

All I know is that he's a liar.
내가 아는 건 그가 거짓말쟁이라는 것뿐이에요.

'내가 아는 건 ~뿐이다, 나는 ~밖에 모른다'라는 말을 할 때가 있는데, 이 때도 all로 시작하는 패턴인 'All I know is that+주어+동사'를 사용하면 된다.

Useful Expressions

❶ **All I know is that** it is a rumor.
그게 소문이라는 것밖에는 몰라요.

❷ **All I know is that** I was in Chicago.
내가 시카고에 있었다는 것밖에는 몰라요.

❸ **All I know is that** it is hot in Japan.
일본은 덥다는 것밖에는 모릅니다.

❹ **All I know is that** nobody died.
아무도 안 죽었다는 것밖에는 몰라요.

Dialogue & Practice

A : What do you know?
B : **All I know is that** he is a liar.

A : 당신이 아는 건 뭐예요?
B : 내가 아는 건 그가 거짓말쟁이라는 것뿐이에요.

A : Do you know why Joey is in hospital?
B : No. _____. (Sandra / tell)

A : 조이가 왜 병원에 입원했는지 알고 있어요?
B : 아뇨. 내가 아는 건 산드라가 그에게 무언가를 말했다는 것밖에 몰라요.

All I know is that Sandra told him something

~하면 …하겠다

I'll + 동사 + if + 주어 + 동사

Basic Expression

I'll go if you go.   당신이 가면 나도 가요.

수많은 주어와 동사, 또 다양한 조동사들을 동반할 수 있는 if구문이지만, if절에 조건을 나타내는 내용을, 조건이 이루어지면 내가 할 약속을 주절에 담아 'I'll+동사+if+주어+동사' 패턴을 연습해 보자.

Useful Expressions

❶ **I'll finish this if you help me.**
당신이 도와 주면 이걸 끝낼게요.

❷ **I'll help you if you promise me.**
당신이 약속하면 도와 줄게요.

❸ **I'll go out if it is warm tomorrow.**
내일 따뜻하면 외출할게요.

❹ **I'll think about it if he doesn't complain.**
그 사람이 불평 안 하면 생각해 볼게요.

Dialogue & Practice

A : Please be there instead of me.
B : I'll go if you go.

A : 제발 나 대신 좀 가 줘요.
B : 당신이 가면 나도 갈게요.

A : What do we do at the party?
B : _____. (dance / sing)

A : 파티에서 우리 뭐 해야 돼요?
B : 당신이 노래를 하면 내가 춤을 출게요.

I'll dance if you sing

~해도 괜찮겠어요?

Do you mind if I + 동사 ~?

Basic Expression

Do you mind if I smoke?
담배 피워도 괜찮을까요?

동사 mind는 '꺼리다, 싫다'라는 의미인데 Do you mind ~?라는 의문문에서 '~하면 싫으냐, 꺼려지느냐', 즉 '~해도 괜찮겠냐'라는 상대방에게 허가를 받을 때 사용하는 표현이다.

Useful Expressions

❶ **Do you mind if I blow my nose?**
코 좀 풀어도 될까요?

❷ **Do you mind if I open the door?**
문 좀 열어도 될까요?

❸ **Do you mind if I make some noise?**
좀 시끄럽게 해도 될까요?

❹ **Do you mind if I ask you something?**
뭐 좀 여쭤 봐도 될까요?

Dialogue & Practice

A : Do you mind if I smoke?
B : Not at all.

  A : 담배 피워도 괜찮으세요?
  B : 괜찮아요.

A : _____? (join)
B : No, not at all.

  A : 제가 끼어도 괜찮을까요?
  B : 괜찮아요.

Do you mind if I join you

내가 당신이라면 ~했을 것이다

Pattern 251 If I were you, I would + 동사원형

Basic Expression

If I were you, I would leave him.
내가 당신이었으면 그를 떠났을 거예요.

접속사 if의 중요한 용법 중 하나는 '가정법'이라는 것이다. '만약에 ~한다면' 하고 실제로는 일어날 수 없는 일을 가정하거나 상상해서 말하는 경우에 쓰이는 법칙이다.

Useful Expressions

❶ **If I were you, I would** study harder.
내가 당신이었으면 더 열심히 공부할 거예요.

❷ **If I were you, I would** not buy it.
내가 당신이었으면 그거 안 살 거예요.

❸ **If I were you, I would** not tell him.
내가 당신이었으면 그에게 말 안 할 거예요.

❹ **If I were you, I would** be really mad.
내가 당신이었으면 정말 화났을 거예요.

Dialogue & Practice

A : Greg always laughs at me.
B : If I were you, I would be really mad.

A : 그레그는 언제나 날 비웃어요.
B : 내가 당신이었으면 정말 화났을 거예요.

A : I gave up applying to the company.
B : _____. (not do)

A : 그 회사에 지원하는 거 포기했어요.
B : 내가 당신이었으면 그러지 않았을 거예요.

If I were you, I would not do that

가능하면

~, if possible

Basic Expression

Within a week, if possible.
가능하면 일주일 내로요.

'가능하면' 하고 어떤 일에 조건을 다는 경우, ~ if possible이라고 말한다. possible은 '가능한'이라는 의미로, if it is possible이라는 말을 줄여서 if possible로 표현하는 경우가 많다.

Useful Expressions

❶ **An aisle seat, if possible.**
가능하면 복도쪽 좌석으로요.

❷ **Call me, if possible.**
가능하면 전화 주세요.

❸ **I'd like some help, if possible.**
가능하다면 도움을 좀 받았으면 해요.

❹ **I want to help him, if possible.**
가능하다면 그를 돕고 싶어요.

Dialogue & Practice

A : When should I make a decision?
B : Within a week, if possible.

  A : 언제까지 결정을 해야 하죠?   B : 가능하면 일주일 내로요.

A : _____. (would like / talk)
B : Okay, but make it quick.

  A : 가능하면 지금 얘기 좀 했으면 좋겠어요.
  B : 좋아요, 그런데 빨리 해요.

답: I'd like to talk to you now, if possible

~할 수만 있다면

If only I could + 동사

Basic Expression

If only I could dance with her!
그녀와 춤출 수만 있다면!

If의 가정법 중에 'if only+주어+would/could+동사' 패턴이 있다. only 는 '오직 ~만'이라는 뜻이기 때문에 '주어가 ~하기만 하면' 하고 간절한 바람을 나타낸다.

Useful Expressions

❶ **If only I could** speak English well!
영어를 잘 할 수만 있다면!

❷ **If only I could** win the game!
그 경기를 이길 수만 있다면!

❸ **If only I could** turn back times!
시간을 되돌릴 수만 있다면!

❹ **If only I could** get through this!
내가 이 상황을 견뎌 낼 수만 있다면!

Dialogue & Practice

A : Amy looks so gorgeous in that dress!
B : If only I could dance with her!

A : 에이미가 저 옷을 입고 있으니까 정말 근사한데요!
B : 그녀와 춤출 수만 있다면!

A : Do you remember when we traveled to Jeju-do?
B : Of course! _____!

A : 제주도로 여행갔을 때 기억나요? (see / beautiful beach)
B : 물론이죠! 그 아름다운 해변을 다시 볼 수 있다면!

If only I could see the beautiful beach again

~하는지 물어 보세요

Ask + 사람 + if + 주어 + 동사

Basic Expression

Ask him if he wants to go.
그에게 가고 싶은지 물어 봐요.

if는 '~인지 아닌지'라는 의미로 명사절을 이끌 때가 있는데, 이럴 때는 ask나 wonder 등의 동사의 목적어 역할을 한다. 'Ask+사람+if+주어+동사'의 명령문 패턴으로 '~에게 …인지 아닌지 물어보다'라는 뜻이다.

Useful Expressions

❶ **Ask** him **if** he knows Mr. Kim.
그에게 미스터 김을 아는지 물어 봐요.

❷ **Ask** him **if** I should do it.
내가 이거 해야 되는지 그에게 물어 봐요.

❸ **Ask** him **if** it works.
이게 작동되는 건지 그에게 물어 봐요.

❹ **Ask** him **if** David comes.
데이빗이 오는지 그에게 물어 봐요.

Dialogue & Practice

A : Will David join the party?
B : I don't know. **Ask** him **if** he wants to go.

A : 데이빗도 파티에 오나요?
B : 모르겠네요. 그에게 가고 싶은지 물어 봐요.

A : They say Tim's going to get married.
B : _____. (it / true)

A : 팀이 결혼할 거라는데요.
B : 그에게 사실인지 물어봐요.

정답: Ask him if it's true

~ 때문에

주어 + 동사 + **because of** + 명사

Basic Expression

He did it **because of** you.
당신 때문에 그가 그렇게 했던 거예요.

'~때문에'라고 이유를 밝힐 때, 그리고 그 이유를 명사로 간단히 말할 때 because of를 전치사처럼 사용하면 된다. owing to, thanks to, due to 등도 비슷한 표현이지만 가장 일반적으로 쓰는 표현은 because of이다.

Useful Expressions

❶ It was called off **because of** the rain.
비 때문에 그건 취소됐어요.

❷ I like summer **because of** the vacation.
휴가 때문에 여름이 좋아요.

❸ I couldn't sleep **because of** the mosquitoes.
모기 때문에 잠을 잘 수 없었어요.

❹ Mom got mad **because of** Dad.
아빠 때문에 엄마가 화났어요.

Dialogue & Practice

A : Which season do you like best?
B : I like summer **because of** the vacation.

A : 어느 계절이 제일 좋아요?   B : 휴가 때문에 여름이 제일 좋아요.

A : _____. (go to work / headache)
B : Was it that bad? How do you feel now?

A : 두통 때문에 오늘 출근을 못 했어요.
B : 그렇게 안 좋았어요? 지금은 어때요?

I couldn't go to work because of the headache

~하니까

Because + 주어 + 동사

Basic Expression

Because I love you. 당신을 사랑하니까요.

접속사 because로 '~ 때문에'라는 말을 할 수 있는데, 이 때는 주어와 동사가 뒤따른다. 정확하게 말하자면 because 절 앞에 I'd like to be your wife. 등의 주절이 함께 와야 하는데, 대화체 속에서는 '왜 ~했니?'에 대한 대답으로 because 절만으로 간단히 나타내는 경우가 많다.

Useful Expressions

❶ **Because** he wanted to.
그가 그러기를 원했으니까요.

❷ **Because** you told me to.
당신이 나한테 시켰으니까요.

❸ **Because** I knew she was lying
그녀가 거짓말하고 있다는 걸 알았으니까요.

❹ **Because** it is too cold outside.
밖이 너무 추워서요.

Dialogue & Practice

A : Why are you doing this to me?
B : Because I love you.

A : 나한테 왜 이러는 거예요?
B : 당신을 사랑하니까요.

A : Why haven't you finished this yesterday?
B : _____. (sick in bed)

A : 어제 이걸 왜 안 마쳤던 거예요?
B : 어제 아파서 누워 있었으니까요.

Because I was sick in bed

가능한 ~하게

동사 + as + 부사 + as possible

Basic Expression

Call me as soon as possible.
가능한 한 빨리 전화 주세요.

'가능한 ~하라'는 말을 할 때가 많다. 이럴 때는 'as+부사+as possible'이라는 구문을 쓰는데, 두 as 사이에 들어가는 부사는 주로 '빨리, 많이, 멀리, 일찍' 등에 한정되어 사용되는 편이다.

Useful Expressions

❶ **Wake up as early as possible.**
가능한 한 일찍 일어나세요.

❷ **Study as much as possible.**
가능한 한 많이 공부하세요.

❸ **Get it finished as quickly as possible.**
가능한 한 빨리 이걸 마치세요.

❹ **Hold your breath as long as possible.**
가능한 한 오래 숨을 참으세요.

Dialogue & Practice

A : Hold your breath as long as possible.
B : I can hold my breath not very long.

A : 가능한 한 오래 숨을 참으세요.
B : 저는 그리 오래 숨을 참지 못해요.

A : My son got his arm broken.
B : _____. (get / to a doctor)

A : 우리 아들이 팔을 부러뜨렸어요.
B : 가능한 한 빨리 병원으로 데려가세요.

답: Get him to a doctor as soon as possible

Pattern 258

~처럼 …하게

주어 + 동사 + **as** + 형용사/부사 + **as** + 명사

Basic Expression

Her skin is as white as snow.
그녀의 피부는 눈처럼 하얘요.

영문법에는 as ~ as 용법이라는 것이 있다. 풀어 쓰자면 'as+형용사/부사+as+명사'의 형태이다. 앞의 as는 형용사나 부사를 수식하는 지시부사, 뒤의 as는 '~처럼, ~만큼'을 뜻하는 접속사로 볼 수 있다.

Useful Expressions

❶ **My room is as large as yours.**
  내 방도 당신 방만큼 커요.

❷ **She studies as hard as you.**
  그녀는 당신만큼 열심히 공부해요.

❸ **I can run as fast as him.**
  나도 그 사람만큼 빨리 뛰어요.

❹ **Sandy plays as good as me.**
  샌디도 나만큼 잘 연주해요.

Dialogue & Practice

A : I think Brenda has a good skin.
B : Yeah. Her skin is as white as snow.

  A : 브렌다는 피부가 참 좋은 것 같아요.
  B : 그래요. 그녀의 피부는 눈처럼 하얘요.

A : _____.
B : I would, too. (I'd like to / strong / Superman)

  A : 수퍼맨처럼 힘이 세면 좋겠어요.
  B : 나도요.

I'd like to be as strong as Superman

Pattern 259: 주어 + 동사 + as long as + 주어 + 동사

~하는 한

Basic Expression

I won't forget you as long as I live.
내가 살아 있는 한 당신을 잊지 않겠어요.

as long as는 일차적으로 '~하는 동안'이라는 뜻도 있지만 여기에서는 넓은 의미로 if처럼 어떤 상황을 가정하는 것인데, '~하는 한'하고 좀더 간절하게 조건을 내세울 때 쓰는 표현이다.

Useful Expressions

❶ **I will help you as long as you work hard.**
당신이 열심히 일하는 한 당신을 도울게요.

❷ **I will try my best as long as you trust me.**
당신이 날 믿는 한 저도 최선을 다할게요.

❸ **I can't help you as long as you don't talk.**
당신이 말을 안 하는 한 당신을 도울 수 없어요.

❹ **You'll be safe as long as you stay here.**
여기 머무르는 한 당신은 안전할 거예요.

Dialogue & Practice

A : I won't forget you as long as I live.
B : Thank you for saying so.

A : 살아 있는 한 당신을 잊지 않겠어요. B : 그렇게 말해 줘서 고마워요.

A : You're son is back. He's waiting outside.
B : _____. (see / I live)

A : 당신 아들이 돌아왔어요. 바깥에서 기다리고 있어요.
B : 내가 살아 있는 한 다시는 걔를 보지 않을 거예요.

I won't see him again as long as I live

마치 ~인 것처럼

주어 + 동사 + **as if** + 주어 + 동사

Basic Expression

He talks **as if** he knows everything.
그는 마치 모든 걸 다 아는 것처럼 말해요.

as if는 '마치 ~인 것처럼'이라는 뜻으로, 가정법 동사를 쓰는 것이 원칙이지만 구어체에서는 흔히 주절이 현재이면 현재, 과거이면 과거시제를 쓰는 경우가 많다.

Useful Expressions

❶ It seems **as if** it was meant to be.
마치 그렇게 되어 있었던 것처럼 보여요.

❷ She behaves **as if** nothing happened.
그녀는 마치 아무 일도 없었던 것처럼 행동해요.

❸ I remember **as if** it was yesterday.
마치 어제 일처럼 기억이 나요.

❹ You look **as if** you're dreaming.
당신은 꼭 꿈꾸는 것처럼 보여요.

Dialogue & Practice

A : Michael is so arrogant.
B : Yeah. He talks as if he knows everything.

A : 마이클은 정말 거만해요.
B : 그래요. 그는 마치 모든 걸 다 아는 것처럼 말해요.

A : You look really happy.
B : Yeah. _____. (feel / be in heaven)

A : 당신 아주 행복해 보여요.
B : 그래요. 마치 천국에 있는 것 같은 느낌이에요.

I feel as if I'm in heaven

Chapter

08

알아 두면
플러스가 되는
기타 패턴

영어도 언어이기 때문에 비슷한 부류의 패턴들을 그룹짓고 나서도 혼자 떠도는 수많은 패턴들이 존재합니다. 그룹에 속하지 않는다고 해서 중요하지 않거나 상급 패턴이라고 말할 수는 없습니다. 한 패턴 한 패턴이 중요하고 유용하게 쓰일 수 있는 것들입니다.

독립 투사 같은 개별 패턴들도 많이 외워 두면 쓸모가 톡톡히 있을 것입니다.

사실은

Pattern 261: In fact, + 주어 + 동사

Basic Expression

In fact, I can't understand you.
실은 당신을 이해할 수 없어요.

fact는 '사실'이라는 뜻의 명사로, In fact 다음에 문장이 따라오면 '사실은, 실제로는 ~이다' 라는 뜻이다.

Useful Expressions

1. **In fact,** I feel lonely sometimes.
   실은 전 가끔 외로움을 느껴요.

2. **In fact,** this is a fake one.
   실은 이거 가짜예요.

3. **In fact,** she lost some weights.
   실은 그녀는 살이 좀 빠졌어요.

4. **In fact,** he wasn't in China.
   실은 그는 중국에 없었어요.

Dialogue & Practice

A : Did your husband have a safe trip to China?
B : **In fact,** he wasn't in China.

   A : 당신 남편은 중국으로 여행 잘 다녀왔어요?
   B : 실은 그 사람 중국에 안 갔어요.

A : I thought you and Brandon were good friends.
B : _____. (like / very much)

   A : 난 당신과 브랜든이 아주 친한 친구인 줄 알았어요.
   B : 실은 나 그 사람 아주 싫어해요.

In fact, I don't like him very much

Pattern 262: As a matter of fact, + 주어 + 동사

사실은

Basic Expression

As a matter of fact, we are a husband and wife.
실은 저희는 부부입니다.

In fact와 같은 의미로 as a matter of fact라는 표현을 쓰기도 한다. matter는 '일, 사건'이라는 의미로 as a matter of fact를 직역하면 '실질적으로 일어난 일' 즉, '사실은, 실제로는'이라는 의미로 사용된다.

Useful Expressions

1. **As a matter of fact,** he has three houses.
   실은 그 사람 집이 세 채예요.

2. **As a matter of fact,** I have a visitor.
   실은 손님이 있어서요.

3. **As a matter of fact,** I got here just now.
   실은 저도 방금 왔어요.

4. **As a matter of fact,** she isn't a doctor.
   실은 그녀는 의사가 아니에요.

Dialogue & Practice

A : Aren't you available now?
B : Well... As a matter of fact, I have a visitor.

A : 지금 시간이 안 되세요?   B : 글쎄요… 실은 지금 손님이 있어서요.

A : Are you going to go fight him?
B : _____.(have / better plan)

A : 가서 그 사람이랑 싸울 거예요?
B : 아뇨, 실은 더 좋은 계획이 있어요.

As a matter of fact, I have a better plan

Pattern 263

First of all, + 주어 + 동사

우선

Basic Expression

First of all, it is important to be healthy.
무엇보다도 건강한 것이 중요하지요.

말을 시작하기 전에 '무엇보다도, 우선, 제일 먼저' 하고 제일 우선되는 사항임을 나타내는 표현이 First of all이다. First of all 대신 Firstly, Above all, In the first place 등의 표현들을 사용할 수 있다.

Useful Expressions

❶ **First of all,** you should call your parents.
우선 당신 부모님께 전화를 드리세요.

❷ **First of all,** we have to wash our hands.
맨 먼저 우리는 손을 씻어야 해요.

❸ **First of all,** I would like to say thank you.
우선 감사의 인사를 드리고 싶어요.

❹ **First of all,** these are all wrong.
우선 이것들은 모두 잘못됐어요.

Dialogue & Practice

A : Tell me what I should do.
B : **First of all,** you should call your parents.

A : 제가 뭘 해야 하는지 알려 주세요.
B : 우선 당신 부모님께 전화하셔야 돼요.

A : Why don't you like him?
B : _____. (like / the way / talk)

A : 왜 그 사람이 싫어요?   B : 우선 그 사람 말투가 싫어요.

First of all, I don't like the way he talks

Pattern 264

Most of all, + 주어 + 동사

무엇보다도

Basic Expression

Most of all, I miss my family.
무엇보다도 우리 가족이 보고 싶어요.

First of all은 두 번째, 세 번째로 연결되는 이야기들이 계속 있을 때 '우선, 첫째로' 라는 의미로 주로 쓰이고, 순서에 상관없이 '무엇보다 ~하다' 라고 말할 때는 Most of all을 더 많이 쓰는 편이다.

Useful Expressions

❶ **Most of all,** I believe you.
무엇보다도 나는 당신을 믿어요.

❷ **Most of all,** you should go on a diet.
무엇보다 살을 좀 빼셔야겠어요.

❸ **Most of all,** this item has a good design.
무엇보다 이 제품은 디자인이 좋아요.

❹ **Most of all,** She has a good sense of humor.
무엇보다 그녀는 유머 감각이 있어요.

Dialogue & Practice

A : I'm not in good health these days.
B : **Most of all,** you should go on a diet.

　A : 난 요즘 건강이 좋지 못해요.
　B : 무엇보다 다이어트를 좀 하세요.

A : Why do you like Alex?
B : _____. (have / cute smile)

　A : 왜 알렉스를 좋아해요?
　B : 무엇보다 웃음이 귀여워요.

Most of all, he has a cute smile

뭔가 ~한 것

Pattern 265 : 주어 + 동사 + **something** + 형용사

Basic Expression

I want something hot.
뭐 좀 뜨거운 걸 먹고 싶어요.

something, nothing 등을 가리켜 '부정대명사'라고 한다. 무엇이라고 정해지지 않은 것이라는 의미이다. 보통 형용사는 명사를 수식할 때 명사 앞에 위치하지만, 이와 같은 부정대명사를 수식할 때는 뒤에 붙는다.

Useful Expressions

❶ I need something new.
새로운 무언가가 필요해요.

❷ I saw something glittering.
뭔가 반짝이는 걸 봤어요.

❸ He is hiding something horrible.
그는 뭔가 무서운 걸 숨기고 있어요.

❹ Jake has something wrong with him.
제이크한테 뭔가 문제가 있어요.

Dialogue & Practice

A : Do you want a drink?
B : Yes. I want something hot.

A : 마실 것 드릴까요?
B : 네. 뜨거운 걸로 먹고 싶어요.

A : _____. (hear / funny / Glen)
B : What is it?

A : 글렌한테서 재미있는 걸 들었어요.
B : 그게 뭔데요?

I heard something funny from Glen

어떤 ~라도 된다

Any + 명사 + will do

Basic Expression

Any job will do. 어떤 일이든 됩니다.

any는 '어떤 ~라도' 라는 뜻의 부정형용사로, some과 유사하지만 몇 가지 차이점이 있다. some은 단수, 복수 명사에 모두 쓰이지만 any는 단수 명사만 수식이 가능하고, 부정문이나 의문문에서는 some 대신 any를 쓰는 경우가 많다.

Useful Expressions

❶ **Any time will do.**
아무 때나 괜찮습니다.

❷ **Any place will do.**
아무 데나 괜찮습니다.

❸ **Any rich man will do.**
어떤 부자라도 좋습니다.

❹ **Any credit card will do.**
어떤 신용카드라도 됩니다.

Dialogue & Practice

A : Where do you want to go?
B : Any place will do.

A : 어디로 가고 싶으세요?
B : 아무 데나 괜찮습니다.

A : Which one will be most suitable?
B : _____. (bowl)

A : 어떤 게 제일 적당할까요?
B : 아무 그릇이나 괜찮아요.

답: Any bowl will do

충분히 ~한

주어 + be동사 + 형용사 + enough

Basic Expression

This is big enough. 이 정도면 충분히 커요.

enough는 '충분한' 또는 '충분하게, 꽤 많이'라는 뜻으로 형용사나 부사 또는 명사의 역할도 한다. '큰, 작은, 긴, 많은' 등의 형용사를 수식하는 부사로 쓰일 때는 형용사 뒤에 위치하므로, '주어+동사+형용사+enough'의 패턴이 만들어진다.

Useful Expressions

❶ You are pretty enough.
당신은 충분히 예뻐요.

❷ Rita is old enough.
리타는 충분히 성장했어요.

❸ My son is smart enough.
우리 아들은 충분히 똑똑해요.

❹ Your best is good enough.
당신이 최선을 다하면 충분해요.

Dialogue & Practice

A : Will this box do?
B : Yeah. This is big enough.

A : 이 박스면 될까요?
B : 그럼요. 이 정도면 충분히 커요.

A : Is it okay to turn off the light?
B : Yeah. _____. (bright)

A : 불을 꺼도 될까요?.
B : 그래요. 충분히 밝은데요.

It is bright enough

~할 충분한 …가 없다

Pattern 268: There is not enough + 명사 + to + 동사원형

Basic Expression

There is not enough time to talk.
말할 시간이 많지 않아요.

'enough+명사' 다음에 to부정사를 쓰게 되면 '~할 충분한 무엇'의 의미가 되는데, not enough라는 부정형으로도 자주 쓰이므로 '~할 충분한 …가 없다'라는 의미가 된다.

Useful Expressions

❶ **There is not enough** space **to** play soccer.
축구할 만한 충분한 공간이 없어요.

❷ **There is not enough** memory **to** continue.
메모리가 부족해서 계속할 수 없습니다.

❸ **There is not enough** flour **to** make a cake.
케이크를 만들 밀가루가 많이 없어요.

❹ **There is not enough** water **to** save Africa.
아프리카를 살릴 충분한 물이 없어요.

Dialogue & Practice

A : There's not enough space to play soccer here.
B : It seems so. Let's move to somewhere else.

A : 축구할 만큼 충분한 공간이 여긴 없네요.
B : 그래 보여요. 다른 곳으로 옮겨 봐요.

A : Joel is suspicious.
B : I know, but _____. (evidence / arrest)

A : 조엘이 의심이 가요.
B : 알지만 그를 체포할 충분한 증거가 없어요.

답: there is not enough evidence to arrest him

좀 ~하다

Pattern 269: It's rather + 형용사

Basic Expression

It's rather hot. 상당히 덥네요.

부사 rather에는 몇 가지 뜻이 있는데, '오히려, 차라리'라는 뜻과 함께 '어느 정도, 상당히, 다소, 좀'과 같은 의미가 있다. rather는 비교 상황에서 둘 중 하나를 염두에 두기 때문에, '다소, 꽤'라는 뜻으로 쓰일 때도 '다른 상황보다는 다소 ~한 편이다'라는 의미가 깔려 있다.

Useful Expressions

❶ **It's rather** sad.
좀 슬퍼요.

❷ **It's rather** late.
꽤 늦었어요.

❸ **It's rather** dark in this room.
이 방은 상당히 어둡네요.

❹ **It's rather** strange how time goes so fast.
시간이 그렇게 빨리 가는 게 참 이상해요.

Dialogue & Practice

A : It's rather hot.
B : Why don't you take off your jacket?

> A : 좀 더운데요.
> B : 자켓을 벗지 그래요?

A : Give me your phone. _____.
B : Here you go. What's so urgent? (urgent)

> A : 당신 전화 좀 주세요. 좀 급해서요.
> B : 여기 있어요. 뭐가 그리 급한데요?

It's rather urgent

차라리 ~하겠다

Pattern 270: I'd rather + 동사원형 + (than + 동사원형)

Basic Expression

I'd rather die than marry him.
그와 결혼할 바에는 차라리 죽을래요.

rather는 두 가지 이상의 조건에서 하나를 선택할 때 '~하기보다는 차라리, 오히려'와 같은 뜻으로 쓰이는 부사로, '~이기보다는'과 같은 비교의 대상을 언급할 때는 than을 써서 말하면 된다.

Useful Expressions

❶ **I'd rather sleep than go out.**
나갈 바에는 차라리 잠이나 잘래요.

❷ **I'd rather give it up than lose her.**
그녀를 잃는 바엔 그걸 포기할래요.

❸ **I'd rather be with Sara.**
차라리 새라와 있을래요.

❹ **I'd rather not go.**
차라리 안 갈래요.

Dialogue & Practice

A : Let's go out and play.
B : I'd rather sleep than go out.

A : 나가서 놀아요.   B : 나가느니 차라리 잠을 잘래요.

A : Let's go to Greg's party.
B : No. _____.

(stay at home / spend time)

A : 그레그의 파티에 가요.
B : 아뇨. 거기서 시간을 보내느니 집에 있을래요.

I'd rather stay at home than spend time there

~보다 더 …하다

주어 + 동사 + -er than + 명사

Basic Expression

I'm teller than him. 난 그 사람보다 커요.

이번에는 '비교급' 문장에 대해 알아보자. 비교급이란, 둘을 비교하는 구문으로, '~보다 더 …하다'라고 표현할 수 있다. 여기서 비교의 대상이 되는 사람이나 사물 앞에는 '~보다'라는 뜻의 than을 쓰면 되고, '더 ~한'이라는 비교의 의미는 형용사나 부사 끝에 접미사 -er을 붙여 말한다.

Useful Expressions

❶ My hair is **longer than** yours.
내 머리가 당신 머리보다 길어요.

❷ No one can be **happier than** me.
아무도 나보다 행복하지 않을 걸요.

❸ The train goes **faster than** the bus.
기차가 버스보다 빨리 달려요.

❹ Eagles fly **higher than** sparrows.
독수리가 참새보다 높이 날아요.

Dialogue & Practice

A : Toby looks **taller than** you.
B : No! I am taller than him.

A : 토비가 당신보다 더 커 보여요.
B : 아니에요. 내가 더 커요.

A : Which one is hotter?
B : _____. (this / hotter / that)

A : 어떤 게 더 뜨거워요?
B : 이게 저거보다 더 뜨거워요.

답: This is hotter than that

훨씬 더 ~하다

주어 + 동사 + **much more** + 형용사

Basic Expression

This book is much more interesting.
이 책이 훨씬 더 재미있어요.

비교급을 만들 때 short, hot, heavy 등 1,2음절어는 -er을 붙이면 되지만 interesting과 같이 3음절 이상의 형용사나 부사는 more를 붙여서 more interesting과 같이 표현한다.

Useful Expressions

❶ Spain is **much more** beautiful.
스페인이 훨씬 더 아름다워요.

❷ I feel **much more** responsible.
저는 훨씬 더 책임감을 느껴요.

❸ Your dish tastes **much more** delicious.
당신 요리가 훨씬 더 맛있어요.

❹ This area is **much more** crowded during weekends.
이 지역은 주말에 훨씬 더 붐벼요.

Dialogue & Practice

A : Why don't you watch the movie? It's interesting.
B : This book is **much more** interesting.

A : 저 영화 보지 그래요? 재미있는데요.
B : 이 책이 훨씬 더 재미있어요.

A : Disneyland is amazing!
B : Well... _____.
(Disneyworld / fantastic)

A : 디즈니랜드는 정말 놀라워요!
B : 글쎄요… 디즈니월드가 훨씬 더 환상적이에요.

Disneyworld is much more fantastic

Pattern 273

가장 ~하다

주어 + 동사 + **the + -est** + 명사 + (부사구)

Basic Expression

Arthur is the tallest boy.

아서가 제일 큰 아이예요.

'가장 ~한'이라는 '최고'의 뜻을 포함한 표현법을 최상급이라고 한다. 최상급의 가장 기본적인 패턴은 형용사인 경우 the와 함께 형용사에 -est를 어미로 붙이는 것이고, 부사는 the 없이 -est만 붙여서 나타낸다.

Useful Expressions

❶ **Seoul is the biggest city in Korea.**
한국에서는 서울이 제일 큰 도시예요.

❷ **Edison is the greatest inventor in the world.**
에디슨은 세상에서 가장 훌륭한 발명가예요.

❸ **She is the best student of the school.**
그녀가 학교에서 제일 훌륭한 학생이에요.

❹ **Tony is the fastest (boy) of us.**
우리들 중 토니가 제일 빨리 달려요.

Dialogue & Practice

A : Arthur is the tallest boy.
B : I thought you were the tallest.

　A : 아서가 제일 큰 아이예요.
　B : 나는 네가 제일 클 줄 알았는데.

A : It's really cold today.
B : _____. (cold / today)

　A : 오늘 아주 추운데요.
　B : 오늘이 제일 추운 날이에요.

정답: It's the coldest day today

가장 ~한 것들 중 하나

274 It's one of the most + 형용사 + 복수명사

Basic Expression

It's one of the most dangerous jobs.
그건 제일 위험한 직업 중 하나예요.

형용사를 최상급으로 만들 때도 비교급과 마찬가지로 3음절 이상의 단어에는 -est를 붙이지 않고 형용사 앞에 the most를 붙여서 말하면 된다.

Useful Expressions

❶ **It's one of the most wonderful scenes.**
그건 제일 아름다운 경치 중 하나예요.

❷ **It's one of the most precious memories.**
그건 가장 소중한 추억 중 하나예요.

❸ **It's one of the most powerful countries.**
그건 가장 강력한 나라들 중 하나예요.

❹ **It's one of the most horrible stories.**
그건 가장 끔찍한 이야기들 중 하나예요.

Dialogue & Practice

A : I think firefighters are really brave.
B : Yeah, it's one of the most dangerous jobs.

A : 소방관들은 정말 용감한 것 같아요.
B : 네, 그건 제일 위험한 직업 중 하나인 것 같아요.

A : Do you like "Yesterday" sung by Beetles?
B : Yes. _____. (attractive song)

A : 비틀즈가 부른 예스터데이 좋아하세요?
B : 네, 가장 매력적인 노래 중 하나지요.

It's one of the most attractive songs

~보다 많이

주어 + 동사 + **more than** + 명사

Basic Expression

I read **more than** ten books.
책을 열 권 이상 읽었어요.

more과 than을 같이 붙여서 '~보다 많은'이라는 뜻으로 쓰인다. 여기서는 '주어+동사+more than+명사'의 패턴으로 '~보다 많이 …하다'라는 뜻을 표현해 보자.

Useful Expressions

❶ I look after Mom **more than** Dad.
저는 아빠보다 엄마를 닮았어요.

❷ I like dancing **more than** singing.
나는 노래보다 춤추는 걸 좋아해요.

❸ We need **more than** two people.
우린 두 사람 이상 필요해요.

❹ You should try **more than** once.
한 번 이상은 시도해야죠.

Dialogue & Practice

A : You're just like your dad.
B : Well... I look after Mom **more than** Dad.

   A : 너는 네 아빠랑 똑같구나.
   B : 글쎄요… 아빠보다는 엄마를 더 닮았는데요.

A : I need you to do this project within short time.
B : Well... _____. (a month / to finish)

   A : 자네가 이 프로젝트를 짧은 시일 내에 해 줘야겠네.
   B : 글쎄요… 이걸 끝내는 데는 한 달 이상 필요합니다.

I need more than a month to finish this

~할수록 더 좋다

The + 비교급, + the better

Basic Expression

The sooner, the better.
빠를수록 더 좋아요.

비교급을 쓰는 관용적인 패턴들 중에 'the+비교급, the+비교급'이 있는데 '~할수록 더욱 …하다'라는 의미이다. 여기에서는 'The+비교급, the better' 패턴으로 '~할수록 더 좋다'는 패턴을 학습해 보자.

Useful Expressions

❶ **The more, the better.**
많을수록 더 좋아요.

❷ **The bigger, the better.**
클수록 더 좋아요.

❸ **The more expensive, the better.**
비쌀수록 더 좋아요.

❹ **The more experienced, the better.**
경험이 많을수록 더 좋아요.

Dialogue & Practice

A : By when do you want me to finish this?
B : The sooner, the better.

A : 이거 언제까지 끝내길 바라세요?
B : 빠를수록 더 좋아요.

A : What kind of girl do you like?
B : _____. (prettier)

A : 어떤 여자를 좋아해요?
B : 예쁠수록 더 좋죠.

The prettier, the better

더 이상 ~ 않는다

277 주어 + not + 동사 + **any more**

Basic Expression

I don't like him any more.
더 이상 그를 좋아하지 않아요.

'더 이상 ~안 한다, 않겠다, 할 수 없다' 등의 표현을 할 때 not any more 구문을 사용하면 된다. any more는 '더 이상'이라는 뜻인데, 이는 주로 부정문이나 의문문에서 함께 쓰인다.

Useful Expressions

❶ I can't take it any more.
   난 더 이상 견딜 수가 없어요.

❷ I won't drink any more.
   이젠 더 이상 술을 안 마실 거예요.

❸ He isn't my friend any more.
   그는 더 이상 내 친구가 아니에요.

❹ We don't see each other any more.
   우린 이제 더 이상 안 보고 지내요.

Dialogue & Practice

A : Why don't you see Larry these days?
B : I don't like him any more.

  A : 요즘 왜 래리를 안 만나요?
  B : 더 이상 그를 좋아하지 않거든요.

A : You were looking for this book, weren't you?
B : Oh, thanks, but _____. (need)

  A : 이 책 찾고 있었죠, 그렇죠?
  B : 아, 고맙지만 이젠 더 이상 필요하지 않아요.

I don't need it any more

~에 지나지 않는

주어 + 동사 + **no more than** + 명사

Basic Expression

He is **no more than** a boy.
그는 어린애일 뿐이에요.

no more than이라는 표현이 있는데, 이는 '~ 이상은 아닌', 즉 '겨우/단지 ~일 뿐' 정도로 해석하면 된다. 문맥에 따라 의역해서 '~와 마찬가지다, 다름없다'라고 해석할 때도 있다.

Useful Expressions

❶ Jeff is **no more than** a beggar.
제프는 거지나 다름없어요.

❷ I have **no more than** five dollars.
나는 5달러밖에 없어요.

❸ I know **no more than** that.
나는 그것밖에는 몰라요.

❹ It takes **no more than** 30 minutes.
30분밖에 안 걸려요.

Dialogue & Practice

A : Do you have a ten-dollar bill?
B : I have no more than five dollars.

A : 10달러짜리 지폐 있어요?   B : 5달러밖에는 없어요.

A : She has to be responsible for this.
B : Well... _____. (15 years old)

A : 그녀가 이 일에 책임을 져야 해요.
B : 글쎄요… 그녀는 겨우 열다섯 살에 지나지 않아요.

She's no more than 15 years old

전혀 ~ 않는다

Pattern 279: 주어 + not + 동사 + at all

Basic Expression

I don't like meat at all.
고기는 전혀 좋아하지 않아요.

at all은 not이나 never등과 함께 부정문에서는 '전혀, 조금도 (~가 아니다)'라는 뜻으로 쓰이고, 의문문에서는 '도대체, 조금이라도'와 같은 뜻으로 쓰이는 부사구이다.

Useful Expressions

❶ You are not funny at all.
당신 하나도 안 웃기거든요.

❷ You haven't changed at all.
당신 전혀 안 변했군요.

❸ She isn't that kind of person at all.
그녀는 절대 그런 사람이 아니에요.

❹ Kim doesn't care about me at all.
김은 나한테 전혀 신경을 안 써요.

Dialogue & Practice

A : What a surprise to see you here!
B : Rick! You haven't changed at all!

A : 여기서 당신을 만나다니!   B : 릭! 전혀 안 변했군요!

A : Got it?
B : No. _____. (understand)

A : 알아 들었어요?
B : 아뇨, 당신 말을 하나도 이해 못 하겠어요.

I don't understand you at all

A뿐만 아니라 B도

주어 + 동사 + **not only** A **but also** B

Basic Expression

He is not only a teacher but also a poet.
그는 교사일 뿐 아니라 시인이에요.

'not only A but also B'의 이 구문은 A나 B의 자리에는 A가 명사면 B도 명사, A가 형용사면 B도 형용사, A가 절이면 B도 절, 이렇게 같은 종류의 품사나 구문이 쓰인다.

Useful Expressions

❶ She is **not only** beautiful **but also** smart.
그녀는 예쁠 뿐 아니라 똑똑해요.

❷ This tastes **not only** sweet **but also** sour.
이건 달콤하고 새콤하기도 해요.

❸ I like **not only** sea food **but also** meat.
나는 해산물뿐 아니라 고기도 좋아해요.

❹ Ross plays **not only** the piano **but also** the guitar.
로스는 피아노뿐 아니라 기타도 쳐요.

Dialogue & Practice

A : This dish tastes quite unique.
B : Yes. This tastes **not only** sweet **but also** sour.

A : 이 요리는 맛이 꽤 독특한데요.
B : 그래요. 이건 달콤할 뿐 아니라 새콤하기도 하네요.

A : Have you seen the TV show last night?
B : Yes. _____. (interesting / helpful)

A : 어제 그 TV 프로그램 봤어요?
B : 그럼요. 재미있을 뿐 아니라 유익하던데요.

It was not only interesting but also helpful

~하고 싶어 견딜 수 없다

I can't wait to + 동사원형

Basic Expression

I can't wait to go home.
집에 가고 싶어 못 견디겠어요.

'~하고 싶어 죽겠다, 못 견디겠다'라고 할 때 can't wait라는 표현을 쓸 수 있다. 직역하자면 '~하는 것을 기다릴 수가 없다'는 말인데, 결국 기다릴 수 없을 정도로 '너무나 ~하고 싶다'는 말이 된다.

Useful Expressions

❶ **I can't wait to** see you.
당신을 보고 싶어 죽겠어요.

❷ **I can't wait to** taste it.
그걸 먹고 싶어 못 견디겠어요.

❸ **I can't wait to** try to do it.
그걸 해 보고 싶어 못 견디겠어요.

❹ **I can't wait to** meet my family.
우리 가족을 만나고 싶어 죽겠어요.

Dialogue & Practice

A : I can't wait to go home.
B : I know. You've been counting the days.

A : 집에 가고 싶어 못 견디겠어요.
B : 알아요. 날짜만 손꼽아 세고 있었잖아요.

A : So, have you got your own car?
B : Finally. _____. (drive)

A : 그래, 당신 차를 뽑았어요?
B : 결국은요. 내 차를 몰고 싶어서 못 견디겠어요.

I can't wait to drive my car

~할 수밖에 없다

Pattern 282: I can't help + -ing

Basic Expression

I can't help laughing. 웃을 수밖에 없네요.

help에는 '피하다, 삼가다'라는 의미도 있는데, 이 때는 'can't help+ -ing'나 'can't help but+동사원형' 두 가지 구문 안에서 주로 사용된다. '~하는 것을 피할 수 없다'라는 말이므로, 결국 '어쩔 수 없이 ~할 수밖에 없다'라는 의미로 쓰인다.

Useful Expressions

❶ **I can't help feeling lonely.**
외로움을 느낄 수밖에 없어요.

❷ **I can't help wondering why.**
이유가 궁금하지 않을 수 없어요.

❸ **I can't help waiting for the answer.**
답변을 기다릴 수밖에 없어요.

❹ **I can't help keeping coming here.**
자꾸 여기에 올 수밖에 없어요.

Dialogue & Practice

A : Jane told me you're interested in her.
B : Oh, come on! I can't help laughing!

A : 제인이 그러는데 당신이 그녀한테 관심이 있다고 하네요.
B : 아니, 왜 이래요! 웃음밖에 안 나오네요.

A : _____. (think about)
B : I didn't know you like her.

A : 그녀 생각을 안 할 수가 없어요.
B : 당신이 그녀를 좋아하는지 몰랐어요.

I can't help thinking about her

~하고 싶지만

I'd love to, but I + 동사

Basic Expression

I'd love to, but I can't.
그러고 싶지만 안 되겠어요.

누군가가 무엇인가를 제안했지만 정중하게 거절하고 싶을 때 바로 'I'd love to, but I+동사' 패턴을 사용할 수 있다. No I can't.라고 딱 잘라서 말하는 것보다 상대방의 감정을 배려하는 거절 형식인 것이다.

Useful Expressions

❶ **I'd love to, but I** can't afford it.
그러고 싶지만 경제적 여유가 없어서요.

❷ **I'd love to, but I** am quite busy these days.
그러고 싶지만 요즘 꽤 바빠서요.

❸ **I'd love to, but I** have to go home now.
그러고 싶지만 집에 지금 가야 해서요.

❹ **I'd love to, but I** have another appointment.
그러고 싶지만 다른 약속이 있어서요.

Dialogue & Practice

A : It's a good chance to buy a new car.
B : I'd love to, but I can't afford it.

A : 새 차를 살 좋은 기회예요.
B : 그러고 싶지만 그럴 여유가 없어요.

A : Why don't we go see a movie this weekend?
B : _____. (have to visit)

A : 이번 주말에 영화 보는 거 어때요?
B : 그러고 싶지만 우리 부모님을 찾아뵈어야 해서요.

답) I'd love to, but I have to visit my parents

아마 ~일 것이다

Pattern 284: I'd say that + 주어 + 동사

Basic Expression

I'd say that it was fair. 아마 공정했을 거예요.

'I'd say (that)+주어+동사' 패턴은 I think와 같이 자신의 생각이나 의견을 표현할 때 사용할 수 있는 표현이다. '~라고 말할 수 있을 것이다'라는 뜻인데, would를 써서 보다 조심스럽게 자신의 의견을 둘러서 표현하는 방법으로, '아마 내 생각에는 ~인 것 같다'라는 의미를 나타낸다.

Useful Expressions

❶ **I'd say that** it is the best for Sam.
아마 샘에겐 그게 제일 좋을 거예요.

❷ **I'd say that** he didn't know about her.
그는 아마 그녀에 대해 몰랐을 거예요.

❸ **I'd say that** it cost over a million won.
아마 100만 원 넘게 들었을 걸요.

❹ **I'd say that** we need new tires.
아마 새 타이어가 필요할 것 같아요.

Dialogue & Practice

A : I can't accept the result of the game!
B : Well... I'd say that it was fair.

A : 난 그 경기 결과를 받아들일 수가 없어요!
B : 글쎄요… 아마 그게 공정했을 걸요.

A : When is good for you?
B : _____. (tomorrow / would be best)

A : 당신은 언제가 좋은가요?   B : 내일이 제일 좋을 것 같네요.

I'd say that tomorrow would be best

~라고 치자

Let's say + 주어 + 동사

Basic Expression

Let's say we do. 우리가 그렇게 한다고 쳐요.

'내가 ~한다고 칩시다' 하고 어떤 상황을 가정할 때 바로 Let's say라는 표현법을 쓸 수 있다. Let's say 다음에는 say의 목적절인 'that+주어+동사'가 따라나오는데, 이 때 that을 생략하는 경우도 있고 Let's를 생략하여 Say that처럼 쓰는 경우도 많다.

Useful Expressions

❶ **Let's say** it is true.
그게 사실이라고 쳐요.

❷ **Let's say** he is right.
그 사람이 맞다고 쳐요.

❸ **Let's say** you win a lottery.
당신이 복권에 당첨된다고 쳐요.

❹ **Let's say** he committed a crime.
그 사람이 범죄를 저질렀다고 쳐요.

Dialogue & Practice

A : We should follow him and find out what's happening.
B : Let's say we do. Then what?

  A : 우리가 그를 쫓아가서 무슨 일이 일어나는지 알아 내야 해요.
  B : 그렇게 한다고 쳐요. 그런 다음은요?

A : _____. (marry / wrong person)
B : I don't want to even think about it.

  A : 당신이 잘못된 사람이랑 결혼했다고 쳐 봐요.
  B : 그런 생각은 하고 싶지도 않아요.

Let's say you marry a wrong person

~라고 가정해 보다

Suppose that + 주어 + 동사

Basic Expression

Suppose that you know the future.
당신이 미래를 안다고 쳐요.

suppose는 '생각하다, 가정하다'라는 뜻으로 쓰이는 동사인데 'Let's suppose (that)+주어+동사'의 형태나 'Suppose that+주어+동사'의 패턴으로도 사용된다. 여기서는 후자의 패턴으로 학습해 보자.

Useful Expressions

❶ **Suppose that** you are a millionaire.
당신이 백만장자라고 쳐요.

❷ **Suppose that** I have a son.
나에게 아들이 있다고 쳐요.

❸ **Suppose that** Zack is tired of me.
잭이 나에게 싫증났다고 쳐요.

❹ **Suppose that** Korea is the strongest country.
한국이 최강국이라고 가정해 봐요.

Dialogue & Practice

A : Suppose that you know the truth.
B : Yeah, does that make any difference?

A : 당신이 진실을 알고 있다고 쳐요.
B : 그래요, 그런다고 달라질 게 뭐 있나요?

A : _____.(be in my shoes) What would you do?
B : Well, I would try to understand her, if I were you.

A : 당신이 내 입장이라고 쳐요. 당신은 어떻게 하겠어요?
B : 내가 당신이라면 그를 이해하려고 할 것 같아요.

Suppose that you're in my shoes

문제는 ~이다

The problem is + 주어 + 동사

Basic Expression

The problem is I don't have money.
문제는 내가 돈이 없다는 거예요.

이야기 도중 '문제는 뭐냐면 말야~' 하고 문제점을 콕 찍어서 말할 때 'The problem is (that)+주어+동사' 패턴을 사용한다. that은 생략이 가능하다.

Useful Expressions

❶ **The problem is** he has nothing to lose.
문제는 그는 잃을 게 없다는 거예요.

❷ **The problem is** she doesn't know anything.
문제는 그녀는 아무것도 모른다는 거죠.

❸ **The problem is** both of you are right.
문제는 당신 둘 다 맞다는 거죠.

❹ **The problem is** the deadline is a week away.
문제는 기한이 한 주 후라는 거죠.

Dialogue & Practice

A : I think you'd better rewrite this part.
B : I know. But the problem is the deadline is a week away.

A : 이 부분을 다시 쓰는 게 좋겠어요.
B : 알아요. 하지만 문제는 기한이 한 주 후라는 거예요.

A : Why don't you start this project from now on?
B : _____. (have / not enough time)

A : 이 프로젝트를 지금부터 시작하는 게 어때요?
B : 문제는 그걸 할 시간이 충분하지 않다는 거예요.

답: The problem is I don't have enough time to do it

설마 ~인 건 아니겠지

Pattern 288: Don't tell me + 주어 + 동사

Basic Expression

Don't tell me you forgot it.
설마 그걸 잊어버린 건 아니겠죠.

Don't tell me라고 말할 때는 직역해서 '~라고 말하지 마' 하는 뜻도 있지만 조금 더 발전해서 '설마 ~는 아니겠지', '그렇다고 말하지 마'와 같은 뜻으로 쓰이는 경우가 많다.

Useful Expressions

❶ **Don't tell me** you fooled me.
설마 당신이 날 속인 건 아니겠죠.

❷ **Don't tell me** you lost your wallet.
설마 지갑을 잃어버린 건 아니겠죠.

❸ **Don't tell me** he hasn't finished yet.
설마 그가 아직도 안 끝난 건 아니겠죠.

❹ **Don't tell me** we are lost.
설마 우리가 길을 잃은 건 아니겠죠.

Dialogue & Practice

A : Don't tell me you fooled me.
B : No! Never have I fooled you.

A : 설마 당신이 날 속인 건 아니겠죠.
B : 아니에요! 당신을 한 번도 속인 적 없어요.

A : The boss wants to see you now.
B : _____. (be mad at)

A : 사장님이 당신을 지금 보고 싶어하세요.
B : 설마 저한테 화나신 건 아니겠죠.

답: Don't tell me he's mad at me

~도 역시

주어 + 동사 + ~, too

Basic Expression

I can play the piano, too.
나도 피아노 칠 수 있어요.

too는 문장 중에도 쓰이지만 보통 문장 끝에 붙여서 '~도 …하다, ~ 역시 …하다'와 같이 상대방의 말에 동조할 때 사용하는 부사이다. '너무' 라는 뜻으로 쓰일 때는 명사 앞에 붙여서 too easy와 같은 형태로 쓰인다.

Useful Expressions

❶ He likes to dance, too.
그도 춤추는 걸 좋아해요.

❷ Drake went to the party, too.
드레이크도 파티에 갔어요.

❸ Mr.Lee wants to join us, too.
미스터 리도 우리한테 합류하고 싶어해요.

❹ The book is written by her, too.
그 책도 그녀가 쓴 거예요.

Dialogue & Practice

A : Jeff seems to like singing.
B : He likes to dance, too.

A : 제프는 노래하는 걸 좋아하는 거 같아요.
B : 그 사람은 춤추는 것도 좋아해요.

A : My stomach is yelling.
B : _____. (hungry)

A : 배고파 죽겠어요.
B : 나도 배고파요.

I'm hungry, too.

~도 역시 … 안 하다

I don't + 동사원형 + ~, either

Basic Expression

I don't understand you, either.
나도 당신을 이해할 수 없어요.

either는 부정문에서 '~도 역시, ~도 또한 (… 아니다)' 라는 뜻으로 쓰이는 부사이다. 긍정문에서는 '나도 ~하다' 라고 말할 때, 문장 끝에 too를 붙이는데, 부정문에서는 이런 경우 too 대신 either를 사용한다.

Useful Expressions

❶ **I don't** like sea food, **either**.
나도 해산물을 싫어해요.

❷ **I don't** believe him, **either**.
나도 그 사람을 못 믿어요.

❸ **I don't** want to do it, **either**.
나도 그거 하고 싶지 않아요.

❹ **I don't** have any idea, **either**.
나도 아무 생각이 안 나네요.

Dialogue & Practice

A : I don't know why people like crab.
B : I don't like seafood, either.

A : 사람들이 왜 게를 먹는지 모르겠어요.
B : 나도 해산물을 싫어해요.

A : What does he mean?
B : _____. (get it)

A : 저 사람 말이 무슨 뜻이에요?
B : 나도 모르겠어요.

답: I don't get it, either

양쪽 다

주어 + 동사 + **both of** + 명사

Basic Expression

I like **both of** them. 두 사람 다 좋아요.

both는 '둘 중에서 양쪽 다'를 말하는 대명사로도 쓰이고 '양쪽 모두의'라는 형용사로도 쓰인다. 'both of+명사'는 '둘 다'라는 뜻으로, 주어나 목적어로 사용되는데, 여기서는 목적어로 쓰여진 '주어+동사+both of+명사'의 패턴을 학습해 보자.

Useful Expressions

❶ I want to see **both of** you.
당신들 둘 다 봐야겠어요.

❷ I know well **both of** the brothers.
두 형제 다 잘 알아요.

❸ They didn't hire **both of** the appliers.
두 지원자 모두 뽑히지 않았어요.

❹ He is better off than **both of** you.
그가 당신들보다 훨씬 나아요.

Dialogue & Practice

A : Do you want to see me?
B : I want to see both of you.

A : 저를 보고 하셨나요?
B : 당신들 둘 다 봐야겠어요.

A : Which one did you cook?
B : _____. (make / dish)

A : 당신이 어떤 걸 요리한 거예요?
B : 두 요리 다 내가 만들었어요.

답: I made both of the dishes

A도 B도 아닌

주어 + 동사 + **neither** A **nor** B

Basic Expression

She is **neither** slim **nor** pretty.
그녀는 날씬하지도 않고 예쁘지도 않아요.

neither는 not either가 합성되어 '어느 쪽도 아닌'의 뜻으로 쓰이는 부사이고, nor 역시 or에 not이 붙은 형태이다. 단어 자체에 부정의 의미가 포함되어 있기 때문에, 동사에 not을 중복해서 붙이지 않도록 유의한다.

Useful Expressions

❶ She can **neither** read **nor** write.
그녀는 읽을 줄도 쓸 줄도 몰라요.

❷ He has **neither** dream **nor** hope.
그는 꿈도 희망도 없어요.

❸ I have **neither** money **nor** job.
나는 돈도 직업도 없어요.

❹ This car is **neither** fast **nor** safe.
이 차는 빠르지도 않고 안전하지도 않아요.

Dialogue & Practice

A : I'm worried about George.
B : Yeah. He has neither dream nor hope.

A : 조지가 걱정돼요.   B : 그래요. 그에게는 꿈도 희망도 없어요.

A : Did you enjoy the party?
B : Not at all. _____. (Carrie / Sophie)

A : 파티는 즐거웠어요?
B : 전혀요. 내 파트너는 캐리도 소피도 아니었어요.

My partner was neither Carrie nor Sophie

막 ~하려던 참이었다

293 주어 + **was/were just about to** + 동사원형

Basic Expression

I **was just about to** call you.
막 전화 드리려던 참이었어요.

be about to는 '막 ~하려고 하는 참이다'라는 뜻으로 be going to보다 더 촉박한 미래를 나타낼 때 쓰이며, just를 삽입하여 '막, 아주 조금 전에'라는 느낌을 더욱 강조한다.

Useful Expressions

❶ I **was just about to** burst into tears.
눈물이 막 터지려던 참이었어요.

❷ I **was just about to** say the same thing.
저도 같은 말을 막 하려던 참이었어요.

❸ We **were just about to** order food.
막 음식을 시키려던 참이었어요.

❹ We **were just about to** get on the plane.
비행기를 막 타려던 참이었어요.

Dialogue & Practice

A : Hey, Mike! What's up?
B : What a coincidence! I was just about to call you, too.

A : 마이크! 잘 지내요?
B : 이런 우연이 있나! 나도 막 전화하려던 참이었어요.

A : Why didn't you tell me about Mason?
B : _____. (tell that) Believe me.

A : 왜 메이슨에 대해서 얘기 안 해 줬어요?
B : 당신한테 막 얘기하려고 하던 참이었어요. 믿어 줘요.

I was just about to tell you that

~할 수 있게 될 것이다

주어 + will be able to + 동사원형

Basic Expression

I **will be able to** get over it.
나는 극복할 수 있을 거예요.

'할 수 있다'는 뜻의 조동사 can을 대신해서 쓸 수 있는 표현이 있는데, 바로 be able to가 그것이다. be able to는 현재형보다는 과거형이나 미래형으로 can을 대신해서 많이 쓰인다.

Useful Expressions

① I **will be able to** receive a scholarship.
나는 장학금을 받을 수 있게 될 거예요.

② I **will be able to** achieve my goal.
내 목표를 달성할 수 있게 될 거예요.

③ You **will be able to** cut down the expense.
귀사는 비용을 줄일 수 있을 겁니다.

④ Dr. Park **will be able to** spare time tomorrow.
박 선생님은 내일은 시간을 낼 수 있을 겁니다.

Dialogue & Practice

A : Are you okay?
B : Yeah. I **will be able to** get over it.

A : 괜찮아요?   B : 네. 극복할 수 있을 거예요.

A : What's good for me to study in the U.S.?
B : _____. (experience)

A : 제가 미국에서 공부하면 뭐가 좋은데요?
B : 많은 것을 경험할 수 있게 되겠지.

답: You will be able to experience a lot

~했다

주어 + **have/has** + p.p.

Basic Expression

I **have** seen that movie. 그 영화 봤어요.

우리나라 말에는 없기 때문에 이해하기 가장 힘든 용법 중 하나가 '완료형' 시제이다. 완료형도 현재완료, 과거완료, 미래완료로 나뉘는데, 가장 빈번하게 쓰이는 현재완료형은 'have+p.p.(과거분사)'의 형태를 취하고, 과거의 한 시점이 아니라 과거부터 현재까지를 아우르는 시제이다.

Useful Expressions

❶ I **have** finished my homework.
숙제 마쳤어요.

❷ I **have** met him before.
그 사람을 예전에 만난 적이 있어요.

❸ We **have** been to Europe.
우리는 유럽에 간 적이 있어요.

❹ She **has** gone to Paris.
그녀는 파리로 갔어요.

Dialogue & Practice

A : Are you still busy?
B : No, I'**ve** finished my homework.

A : 아직 바빠요?
B : 아니요, 숙제 마쳤어요.

A : So, are you gonna choose this one?
B : Hmm... _____.

(change one's mind)

A : 그러면 이것으로 하시겠어요?
B : 흠… 마음을 바꿨어요.

I've changed my mind

~해 봤어요?

have you ever + p.p. ~ ?

Basic Expression

Have you ever been to Seoul?
서울 가 본 적 있으세요?

현재완료형의 의문형은 조동사 have를 문두로 끌고 나와서 'Have you+p.p.~?'의 형태로 사용한다. 특히 '~한 적 있어요?'하고 경험을 물어볼 때는 '예전에, 일찍이' 라는 뜻의 부사 ever를 삽입한다.

Useful Expressions

❶ **Have you ever** done yoga?
요가 해 본 적 있어요?

❷ **Have you ever** read Bible?
성경 읽어 본 적 있어요?

❸ **Have you ever** eaten Mexican food?
멕시코 음식을 먹어 본 적 있어요?

❹ **Have you ever** tried to lose weight?
살 빼려고 해 본 적 있어요?

Dialogue & Practice

A : Have you ever been to Seoul?
B : Yes. It was a beautiful city.

A : 서울에 가 본 적 있어요?
B : 네, 아름다운 도시였어요.

A : _____? (fall in love)
B : Of course I have.

A : 사랑해 본 적 있어요?
B : 물론 해 봤죠.

답: Have you ever fallen in love

한 번도 ~한 적 없다

I've never + p.p.

Basic Expression

I've never seen her before.
그 여자를 한 번도 본 적이 없어요.

완료시제가 부정적인 경험을 나타낼 때, 즉 '~해 본 적이 없다, ~한 경험이 없다'는 뜻을 나타낼 때는 have와 p.p. 사이에 부사 never를 삽입해서 'I've never+p.p.'의 패턴을 사용하면 된다.

Useful Expressions

❶ **I've never** been sick in bed.
아파서 드러누워 본 적이 한 번도 없어요.

❷ **I've never** been so humiliated.
이렇게 모욕당하기는 처음이에요.

❸ **I've never** met him in person.
그 사람을 한 번도 직접 본 적이 없어요.

❹ **I've never** thought I was wrong.
내가 틀렸다고 생각한 적이 한 번도 없어요.

Dialogue & Practice

A : You look really healthy.
B : Yeah. I've never been sick in bed.

A : 당신은 정말 건강해 보여요.
B : 네. 아파서 드러누워 본 적이 한 번도 없어요.

A : Did you enjoy your trip?
B : Yes. _____. (feel good)

A : 여행은 즐거웠어요?
B : 네. 내 인생에서 그렇게 좋았던 적이 없었어요.

I've never felt so good in my life

~ 이후 시간이 … 지났다

Pattern 298 It's been + 시간 + since + 주어 + 동사

Basic Expression

It's been five years **since** I saw you last.
당신을 마지막으로 본 게 5년 전이에요.

'~한 지 얼마의 시간이 흘렀다'는 말을 표현하는 방법은 몇 가지가 있는데, 접속사 since와 시간을 의미하는 비인칭 주어 it을 결합시켜 'It's been+시간+since+주어+동사'의 패턴을 자주 사용한다.

Useful Expressions

❶ **It's been** ages **since** we have met.
우리 정말 오랜만에 만나는 거네요.

❷ **It's been** six months **since** we broke up.
우리가 헤어지고 6개월 지났어요.

❸ **It's been** a half day **since** I waited for you.
당신을 기다리고 있는 게 반나절이에요.

❹ **It's been** a long time **since** Mom passed away.
엄마가 돌아가시고 오랜 시간이 흘렀어요.

Dialogue & Practice

A : It's been quite a while, hasn't it?
B : Yeah. It's been five years since I saw you last.

A : 꽤 오랜만이죠?
B : 그렇죠. 당신을 마지막으로 본 지 5년이 지났죠.

A : _____. (three years / move in)
B : Already? Time flies.

A : 우리가 여기 이사 온 지 3년이 지났어요.
B : 벌써요? 시간이 날아가네요.

It's been three years since we moved in here

~하고 있겠지요

I will be + -ing

Basic Expression

I will be seeing Kelly.
나는 켈리를 만나고 있을 거예요.

'~할 것이다'라는 뜻의 미래시제는 조동사 will을 써서 나타낸다는 것은 잘 알고 있을 것이다. 그런데 요즘은 비슷한 뜻으로 미래 진행시제인 'will be+-ing' 패턴을 쓰는 경우가 점점 많아지고 있다.

Useful Expressions

❶ **I will be** eating spaghetti.
스파게티나 먹고 있겠죠.

❷ **I will be** watching TV.
TV를 보고 있겠죠.

❸ **I will be** hanging around with Tim.
팀이랑 어울리고 있겠죠.

❹ **I will be** taking yoga lesson this evening.
오늘 저녁에 요가 레슨 받고 있을 걸요.

Dialogue & Practice

A : What are you going to do this weekend?
B : Well... I will be seeing Kelly.

　A : 이번 주말에 뭘 할 건가요?　　B : 글쎄요… 켈리를 볼 것 같은데요.

A : Do you have a plan tomorrow?
B : Nothing special. _____. (all day)

　A : 내일 계획은 있어요?
　B : 특별한 것 없어요. 하루 종일 잠이나 잘 것 같아요.

(거꾸로) I will be sleeping all day

~하실 건가요?

Will you be + -ing ~ ?

Basic Expression

Will you be attending the meeting?
회의에 참석하실 건가요?

미래 진행시제에서 주어가 you이고 의문문일 때는 '~하실 겁니까?' 하고 공손하게 상대방의 의도를 물어볼 때 'Will you be+-ing?' 패턴을 사용한다.

Useful Expressions

❶ **Will you be** living in Chicago next year?
  내년에는 시카고에서 사실 건가요?

❷ **Will you be** staying at your parents'?
  부모님 댁에 머무르실 건가요?

❸ **Will you be** using your car this afternoon?
  오늘 오후에 당신 차를 쓰실 건가요?

❹ **Will you be** helping me with this report?
  이 보고서 작성하는 거 도와 주실 건가요?

Dialogue & Practice

A : Will you be attending the meeting at two?
B : I think I will.

  A : 두 시에 회의에 참석하실 건가요?   B : 그럴 것 같은데요.

A : _____ ? (pay by credit card)
B : No. I'd like to pay it by cash.

  A : 신용카드로 지불하실 건가요?
  B : 아니요. 현금으로 하고 싶어요.

Will you be paying by credit card

■ **저자약력**

손소예(Angie Sohn)

저자 손소예는 15년 가까이 각종 영어 교육 컨텐츠를 기획, 집필하고, 영어 성우, 국제 회의 사회자로서도 활동하고 있는 영어 교육 분야의 전문가다.

- 이화여자대학교 영어영문학과를 졸업
- 이화여자대학교 부설 국제회의 전문가 과정 수료
- MBC 아카데미 성우 과정 수료
- 김앤장 법률사무소
- PSA 영어유치원 교사
- 오성식 영어 연구원 컨텐츠 팀장 _ 굿모닝 팝스, 팝스 잉글리시 등 기획 집필
- 민병철 교육그룹 컨텐츠 팀장_ 토익 및 영어회화 서적 기획, 편집, 성인 및 주니어 어학원 컨텐츠 기획, 집필
- 시사영어사_ 시사영어 연구, 라이브 잉글리시 등 각종 성인 영어잡지, 주니어 교재 집필, 녹음, 온라인 컨텐츠 녹음
- 한솔교육, 대교, 원글리시 등 각종 영어 컨텐츠 녹음
- 하늘교육, 좋은 영어 ITON 등 주니어 학원 영어 교재 집필

■ **저서**

『Everyday Expression Dictionary 에브리데이 영어표현사전』

영어회화
이지 패턴 300

지은이 손소예
발행인 박해성
발행처 정진출판사

초판 1쇄 발행 2011년 5월 20일
14쇄 발행 2025년 2월 10일

주소 서울특별시 성북구 하월곡동 10-6호
대표전화 (02) 917-9900
Fax (02) 917-9907
Homepage www.jeongjinpub.co.kr
등록일 1989.12.20
등록번호 제6-95호
ISBN 978-89-5700-105-9 *10740

정가 7,000원

http://www.jeongjinpub.co.kr

완전기초
혼자배우는 영어첫걸음

처음 시작하는 영어!

- 기초부터 다시 체계적으로 정리하고 싶은 영어!
- 배우는 도중에 몇 번이고 포기했던 영어!
- 영어를 처음 접하는 사람도 쉽고 재미있게 혼자서 배우고 익힐 수 있도록 꾸민 기본영어 학습서!

임순주 저/4×6배판/216면
mp3 해설 CD 포함/11,500원

쉬워서 좋은
독학 영어회화 첫걸음

혼자 배우기 쉬워서 좋은 기초 영어회화!

- 회화, 회화 강의, 패턴 익히기, 확장 표현, Tips for you, 주제별 어휘, 연습문제 등으로 구성되어 기본적인 영어회화 학습을 혼자 진행할 수 있도록 만든 독학 영어회화 교재!

Jackie & Meridith 공저/4×6배판
/256면/mp3 해설 CD 포함/12,000원

언제 어디서나 통하는
영어 일상회화 사전

이 책 한 권이면 나도 네이티브!

- 초보자도 쉽게 익힐 수 있도록 한글 발음을 표기한 기초회화 표현사전!
- 언제 어디서나 즉석에서 활용할 수 있는 상황별 일상표현 수록!
- 학습 효과와 표현력을 높일 수 있도록 주제별 관련어휘 수록!

임순주 저/4×6판/416면
mp3 해설 CD 포함/11,000원

Go! Go!
여행 영어회화

당신이 알아야 할 여행영어의 모든 것!

- 인천공항을 출발하여 해외여행을 마치고 귀국하는 순간까지의 모든 상황에 필요한 영어회화 표현 수록!
- 여행 중 발생할 수 있는 여러 상황에 대비하여 그때그때 유용한 회화와 단어를 즉석에서 활용할 수 있도록 꾸민 여행 영어회화집!

임순주 저/4×6판/344면
mp3 해설 CD 포함/12,000원

http://www.jeongjinpub.co.kr

통기초
영어 생활회화

다양한 생활문장을 요약한 초미니 회화사전!

- 다양한 상황설정을 통해 일상생활에서 많이 쓰이는 핵심 문장들을 선별!
- 초보자도 쉽게 익힐 수 있도록 영어문장과 함께 한글 발음을 표기!
- 학습 효과와 표현력을 높일 수 있도록 분야별 관련단어 수록!

이지랭기지 스터디 편저/국반판/256면
해설 mp3 무료 다운로드/6,800원

40장면
영어회화 필수표현

언제 어디서나 공부할 수 있도록 만든 미니 영어회화 학습서!

- 일상생활에 필요한 회화를 40장면으로 엄선하여 제시하고 아울러 각 상황에 필요한 핵심문장을 선별!
- 학습 효과와 표현력을 높일 수 있도록 주제별 관련어휘 수록!

Jackie & Meridith 공저/국반판/256면
해설 mp3 무료 다운로드/6,800원